Anselm Grün
Das kleine Buch der Lebenslust

Anselm Grün

Das kleine Buch der Lebenslust

Mit einem Vorwort herausgegeben
von Anton Lichtenauer

HERDER

FREIBURG · BASEL · WIEN

Ein einfach-leben-Buch

© Verlag Herder Freiburg im Breisgau 2020
www.herder.de

Herstellung: GGP Media GmbH, Pößneck
Umschlag- und Innengestaltung: Gestaltungssaal
Umschlagmotiv: akinshin - GettyImages

Printed in Germany

ISBN 3-451-00825-2

Inhalt

Vorwort

Von Anton Lichtenauer

Der Tag fängt schon gut an: Kein schrill mechanischer Wecker, sondern Vogelzwitschern. Die Sonne scheint. Und dann der Kaffeeduft. Mehr braucht es nicht. Nichts Schöneres unter der Sonne als unter der Sonne zu sein. Mitten in der Woche kann das sein, aber es fühlt sich an wie Ferien – von allem Schweren, frei von Problemen oder Zweifeln. Das Leben strahlt mich an, damit ich zurückstrahle. Es ist eine Lust, zu leben.

So wie damals. Wir hatten Urlaub. Für ihn war es ein normaler Arbeitstag. Wir wärmten uns auf einem kleinen Platz in Palermo in der Maisonne. Er war Textilienverkäufer, der durch die Hinterhöfe der Vucceria zog, seine Ware auf einem Handkarren vor sich her übers Pflaster schob und den Hausfrauen anpries, von denen zwischendurch eine oben kurz aus einem Fenster schaute und ihm etwas zurief. Er sang, halblaut meist, fast nur für sich, dann wieder aus voller Brust, und zwischendurch rief er die Namen seiner Kundinnen und seine nicht immer ganz sauberen Scherze und lachte.

Nur eine kaufte eine Kleinigkeit so lange wir ihm auf dem Platz zusahen. Aber er nahm dem Leben nichts übel an diesem schönen Tag. Singend zog er weiter.

Nicht zu beneiden, der Mann. Aber irgendwie doch …

Warum sang er? Warum singt ein Vogel? Weil er muss. In seinem Lied drückt sich die Lust des Lebens zu sich selber aus.

Auch Kinder können so unmittelbar lebendig sein: Kinder, kleinere und größere, können laut und fröhlich sein oder nach Herzenslust selbstversunken, hingegeben an den Augenblick. Wie die kleine Antonia, noch keine zwei Jahre alt, die einmal ins Büro kam und irgendetwas entdeckte, was sie entzückte: ein Juchzen, ein Strahlen. Ihr ganzer Körper, sie selbst, war dieser Jauchzer in diesem Augenblick. In ihr hatte nichts anderes Platz als diese Freude, und die Aktenordner fingen für einen Moment an zu tanzen. Sie gehen nicht, sie hüpfen, rennen, schreien sich etwas zu oder flüstern sich ins Ohr – so sind Kinder: Ihr Spiel ist intensives Leben. Ganz bei sich. selbstvergessen und gleichzeitig voller Bewegung.

Bei den Indianern wird das erste helle Lachen eines Kindes gefeiert, als Festtag der Erwachsenen. „Das erste Lachen eines Kindes", sagte der Schweizer Clown Dimitri einmal, ist schon „erster Ausdruck von Liebe und von Wohlempfinden". Vielleicht lieben Erwachsene deswegen Kinder. Und Kinder wie Erwachsene lieben die Clowns auch aus diesem Grund ganz besonders, weil sie das Lachen wieder aus uns herausholen.

Lachen, sagt man, „perlt". Auch Lebenslust schäumt über.

„Lebenslust", das heißt: Alle Last fällt von einem ab, alles wird leicht durch diese positive Energie, die Leib und Seele in Schwung bringt. Musik liegt in der Luft. Alles bekommt einen guten Geschmack.

„Schön zu leben, sage ich, obwohl vieles dagegen spricht" (Detlev Block). Natürlich: Nicht immer ist das Leben lustig. Aber letztlich überwiegt doch die positive Sicht: Lebenslust ist eine luftige Kraft: sich über den Alltag erheben, wie ein Drachen im Aufwind. Über den Niederungen wie ein Bergsteiger, dem die Sorgen im Abstand auf einmal klein werden und unerheblich, ja lächerlich: Das Leben insgesamt – eine Leichtigkeit.

Wenn Kinder in aller Regel so sein können: Wieso nicht auch wir Erwachsene? Wer blockiert, was verschüttet diese ursprüngliche Energie? Wer hat uns diese ursprüngliche Freude am Dasein ausgetrieben? Ist die Erziehung schuld? Die Keule der Moral? Oder einfach nur die Verschleißerscheinungen des Alltags. Was auch immer. Wichtiger ist: Wie können wir die verlorene Lebenslust wieder erlangen?

„Es ist sehr gut denkbar, dass die Herrlichkeit des Lebens für jeden und immer in ihrer ganzen Fülle bereitliegt, aber verhängt, in der Tiefe, unsichtbar, sehr weit. Aber sie liegt dort, nicht feindselig, nicht widerwillig, nicht taub. Ruft man sie mit dem richtigen Namen, beim richtigen Wort, dann kommt sie." Franz Kafka hat das in seinen Tagebüchern notiert.

Lebenslust, so sagt auch Anselm Grün, ist etwas, was wir als Erwachsene wieder lernen und einüben können: ganz im Augenblick zu sein, mit allen Sinnen zu leben, den Moment genießen. Auch und gerade im Wissen um die Endlichkeit. Um diese Kunst zu lernen, muss man nichts haben, nichts wollen, sich auf keine Ziele fixieren. „Nur wer sich selbst vergisst, vermag das reine Dasein zu schmecken und die Lust daran zu empfinden."

Warum eigentlich finden wir einen Clown lustig? Ich glaube: Es ist seine Lust, zweckfrei etwas auszudrücken, was das Leben selber ist. Dass er Widersprüche sieht und sein lässt, dass er sie darstellt, indem er mit ihnen spielt – und sie auflöst in erlösendes, zustimmendes Gelächter: in reine Lebenslust. Ein guter Clown, meint Dimitri, ist wie ein Kind, das spielt – einfach weil es muss.

Werden wie die Kinder – wenn das gelänge …
Damit das Leben mich anstrahlt. Und damit ich zurückstrahlen kann. So wie damals.

Eine positive Energie

Was uns alle beflügelt

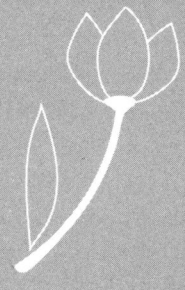

Wer hat Lust am Leben?

„Wer ist der Mensch, der Lust hat am Leben und gute Tage zu sehen wünscht? Wenn du das hörst und antwortest: ‚Ich‘, dann sagt Gott zu dir: Willst du wahres und unvergängliches Leben, bewahre deine Zunge vor Bösem und deine Lippen vor falscher Rede! Meide das Böse und tu das Gute; suche Frieden und jage ihm nach.“ Dieser Satz steht ganz am Anfang der Regel des Heiligen Benedikt (Prolog 15-17).

25 Jahre lang habe ich in der Abtei Münsterschwarzach die Jugendarbeit geleitet. Unser Motto für die Jugendarbeit war dieses Wort Benedikts im Prolog seiner Regel, in der er junge Männer mit der Frage ins Kloster einlädt: „Wer hat Lust am Leben?“ Unser Ziel war, die jungen Menschen Lust am Leben zu lehren. Doch Lust am Leben ist etwas anderes als das, was die Spaßgesellschaft möchte. Es ist etwas anderes als oberflächlicher Fun. Es ist die Kunst, ganz im Augenblick zu leben, mit allen Sinnen zu leben, das wahrzunehmen, was gerade ist. Die Kunst, präsent zu sein, verlangt einmal Achtsamkeit, zum anderen Loslassen der

vielen inneren Stimmen, die ständig etwas von mir wollen oder mich hierhin und dorthin treiben. Ich kann mich nur auf den Augenblick einlassen, wenn ich alles Haben-Wollen loslasse, wenn ich mich selbst vergessen kann. Loslassen muss ich vor allem die ständige Frage: Was bringt es mir? Was fühle ich dabei? Nur wer sich selbst vergisst, vermag das reine Dasein zu schmecken und die Lust daran zu empfinden.

Mehr Vergnügen – weniger Freude

Die Sprache hat ihre eigenen Erfahrungen mit Freude und Vergnügen. Das Wort Freude kommt von der Wurzel „froh" und meint eine innere Erregung. Wenn ich mich freue, hüpft das Herz in mir. Freude hat mit Lebenslust zu tun. Lust ist eine Empfindung des Herzens. Im Wort Vergnügen steckt „genug". Ich habe genug bekommen.

Ursprünglich kommt das Wort Vergnügen aus der Rechtssprache. Wenn der andere mir genug bezahlt hat, dann bin ich zufriedengestellt, dann bin ich vergnügt. Die Sucht nach Vergnügen hat etwas von dem Äußerlichen der Bezahlung. Ich bezahle Geld, damit ich mein Vergnügen habe, damit ich genug bekomme von Unterhaltung. Aber solches Vergnügen erreicht nur selten das Herz. In der Freude hüpft das Herz, im Vergnügen hat es das Gefühl, genug an Gegenwert bekommen zu haben.

Hermann Hesse, der viel über diesen Zusammenhang nachdachte, hat gesagt: „Die hohe Bewertung der Minute, die Eile als wichtigste Ursache unserer Lebensform, ist ohne Zweifel der gefährlichste Feind der Freude. Möglichst viel und möglichst schnell ist die Losung. Darauf folgt immer mehr Vergnügung und weniger Freude."

Hesse hat seine Umwelt immer genau beobachtet und er ist auch ein heftiger Kritiker der hektischen Jagd nach immer neuen Vergnügungen. Wer immer in Eile ist, vermag sich nicht zu freuen. Hesses Überzeugung: Die Vergnügungen, denen die Menschen heute nachjagen, um ihren Spaß zu haben, sind letztlich Ersatz. Und sie sind Zeichen einer inneren Unfähigkeit, Freude zu empfinden. Freude braucht den Augenblick und die Langsamkeit. Wer von einem Event zum anderen eilt, erlebt höchstens ein kurzfristiges Vergnügen. Hermann Hesse sieht in der Eile den Feind der Freude und die Ursache, statt Freude nur noch Vergnügen zu suchen, das man sich kurzfristig kaufen kann.

Wer Freude lernen will, muss offensichtlich langsamer treten. Er muss sich darin üben, ganz im Augenblick zu sein, anstatt immer wieder neu allen Vergnügungen nachzulaufen, die er erhaschen kann, um genug zu haben. Seinem Herzen und seiner Sehnsucht wird das nie ganz genügen.

Kein Spaßzwang

„Die Mutter der Ausschweifung ist nicht die Freude, sondern die Freudlosigkeit." Friedrich Nietzsche, der Philosoph der Ekstase, hat dies ganz nüchtern konstatiert: Wenn jemand ausschweifend lebt und kein Vergnügen auszulassen vermag, dann – so meint er – hat das seinen Grund nicht in der Freude, die nach Ausdruck sucht, sondern ganz im Gegenteil in der Freudlosigkeit. Wer unfähig ist zur Freude, der muss ständig unterwegs sein, um nach Vergnügungen zu suchen. Er wird sein Maß nicht finden. So paradox es klingt: Die Freudlosigkeit ist die Mutter der Vergnügungssucht.

Die Spaßgesellschaft spiegelt die Tristesse unserer Zeit wider. Es ist eine freudlose Zeit, in der man seinen Spaß sucht, weil man die Freude im Herzen verloren hat. Oft genug geht dann der Spaß auf Kosten anderer. Man macht andere lächerlich, um sein Vergnügen zu haben. Doch dann merkt man gar nicht, wie verletzend und damit inhuman die Spaßgesellschaft ist. Sie ist nicht eine Einladung an alle, sich des Lebens zu freuen, sondern ohne

Rücksicht auf die anderen seinen eigenen Spaß zu haben, die anderen sogar für den Kitzel des eigenen Lachens zu missbrauchen.

Wenn ich Menschen beobachte, nachdem sie das gehabt haben, was sie Spaß nennen, dann sehe ich oft in traurige und leere Gesichter. Wenn sie sich unbeobachtet fühlen, dann tritt die ganze Traurigkeit in ihnen ans Tageslicht. Sie wollen die dunkle Stimmung ihres Herzens vertreiben. Aber es gelingt ihnen nicht. Der Spaß bleibt an der Oberfläche. Er dringt nicht in den Grund des Herzens ein. Am Grund des Herzens aber liegt die Freude in jedem Menschen bereit: ein Schatz, den wir heben können.

Glücksfresser

„Die Vergnügungssucht ist unersättlich und frisst am liebsten – das Glück." Die österreichische Erzählerin Marie von Ebner-Eschenbach bringt es auf den Punkt: Es gibt Vergnügungssucht. Eine Sucht nach Freude gibt es nicht. Vergnügen kann krank machen. Man wird unersättlich. Man bekommt nie genug und muss immer noch mehr haben. Man wird abhängig davon. Sucht ist Krankheit. Im Wort Sucht steckt „siech", das heißt krank sein. Wer von einem Vergnügen zum andern hetzt, der wird unfähig zur Freude. Marie von Ebner-Eschenbach hat den destruktiven Charakter einer solchen Haltung mit der Krankheit der Fresssucht in Beziehung gesetzt: Vergnügungssucht frisst das Glück auf. Vergnügen bringt nicht Glück mit sich, sondern vertreibt es. Daher sind Genügsamkeit, Beschränkung auf den Augenblick und die Freuden nötig, die der Augenblick mit sich bringt.

Nicht zum Vergnügen

„Der Mensch ist nicht zum Vergnügen geboren, sondern zur Freude", sagt Paul Claudel. Schon die Sprache zeigt es: Das deutsche Wort Vergnügen kommt aus der Geschäfts- und Rechtssprache und meint ursprünglich die Bezahlung und die Zufriedenstellung. Der Mensch ist nicht dazu geboren, zufriedengestellt zu werden, genug zu haben, in seinen Ansprüchen befriedigt zu werden. Der Mensch ist zur Freude geboren. Freude kommt von „froh" und hat zu tun mit: „hurtig, erregt, bewegt". Es kommt von hüpfen. Wer sich freut, der hüpft innerlich auf.

So hat es Lukas in der Begegnung zwischen Maria und Elisabeth beschrieben: Das Kind in Elisabeth hüpft vor Freude in ihrem Leib auf. Das althochdeutsche Wort für Freude „frewida, frouwida" ist verwandt mit dem schwedischen „fröjd", das Lebhaftigkeit, Lebenslust bedeutet.

Die Freude steht der Lust näher als das Vergnügen. Das Vergnügen ist nur eine Befriedigung meiner Wünsche, die Freude dagegen macht lebendig. Sie macht mich hüpfen. Sie erfüllt mich mit Lust.

Entzücken der Augen

„Es ist so eine Ironie, solch ein Widerspruch, dass wir ständig nach Höhepunkten des Erlebens suchen, wenn die Höhepunkte doch in all den Dingen um uns vorhanden sind, die unser Auge entzücken." Das hat die Dichterin Anais Nin schon vor der Erfindung der sogenannten Spaßgesellschaft geschrieben. Die Suche nach außerordentlichen Ereignissen versucht heute eine ganze Vergnügungsindustrie zu befriedigen. Sie hätte nicht so großen Erfolg, wenn die Sehnsucht danach nicht so tief in der menschlichen Seele verankert wäre. Aber was ist ein Höhepunkt?

Der Psychologe Abraham H. Maslow spricht von „Gipfelerfahrungen". Solche Erfahrungen aber kann man nicht machen oder künstlich inszenieren. Sie geschehen, wenn wir ganz im Augenblick sind. Dann kann ein Sonnenaufgang eine solche Gipfelerfahrung sein. Oder die Geburt eines Kindes. Oder das Schauen in eine herrliche Bergwelt.

Die Höhepunkte sind schon in den Dingen vorhanden. Wir brauchen nur offene Augen, um sie wahrzunehmen.

Positive Antriebskraft

Die griechische Philosophie hat die Lust durchaus als positive Antriebskraft des Handelns bejaht. Allerdings differenziert Platon, der größte griechische Philosoph, die verschiedenen Formen von Lust je nachdem, worauf sie sich richten. Wenn sich die Lust auf hohe ethische Werte oder auf ein vernünftiges und sittlich hoch stehendes Ziel richtet, dann ist sie dem Menschen angemessen. Rein irdische Lust dagegen ist für ihn eher suspekt. Für Platon stellt die Lust das innere Gleichgewicht des Menschen wieder her. Sie ist also für seine innere Gesundheit heilsam. Aristoteles hat ein anderes Verständnis von Lust entwickelt. Er versteht Lust als Bestandteil einer vollkommenen Tätigkeit. Wenn der Mensch vollkommen in einer Tätigkeit aufgeht, erfährt er immer auch Lust. Lust begleitet also unser Tun. Wenn wir unsere natürlichen Fähigkeiten vollkommen ausüben, dann erleben wir Lust.

Lustverlust

Lust war in der Theologie bisher kein beliebtes Thema. Man hat Lust sehr lange und vorschnell mit sexueller Lust identifiziert und sie eher als Gefährdung des Menschen gesehen – nicht als Erfüllung. Bei den Kirchenvätern sieht man in der Lust ein Merkmal des gefallenen Menschen, also des Menschen, der von der Sünde bestimmt ist. Sie wird sofort als Verlangen nach irdischer Lust gesehen und mit Begierde gleichgesetzt. Man spricht von Fleischeslust und zählt sie zu den sieben Todsünden.

Dagegen setzen die Kirchenväter die Freude des erlösten Menschen. Aber da diese Freude als rein geistig verstanden wurde, ist mit dieser Art, wertend zu denken, der ganze Bereich der Lebenslust oft aus dem Blick geraten und als eigener Wert verloren gegangen. Augustinus sieht in der Lust eine verkehrte Weltliebe. Der so nüchterne Theologe des Mittelalters Thomas von Aquin dagegen sieht die Lust positiver. Für ihn ist nicht nur die geistige Lust, sondern auch die sinnliche Lust ein sittlicher Wert. Allerdings richtet sich dieser Wert nach dem Ziel, auf das die Lust ausgerichtet ist.

Höchste Lust

Thomas von Aquin sieht in der sexuellen Lust die Spur, „die aus dem Innersten der göttlichen Natur kommt, das heißt aus seinem trinitarischen Wesen". Lust ist Fülle und Reichtum und so Abbild Gottes, der in seinem trinitarischen Wesen höchste Lust ist. Die Kirche hat diese Theologie der Lust nie entfaltet, obwohl sie lange Zeit die Theologie des Thomas als Norm allen theologischen Denkens gesehen hat.

Für Thomas ist die Lust die vollständige Befriedigung des ganzen menschlichen Seins. In der sexuellen Lust erlebt der Körper ein unaussprechliches Glücksgefühl. Aber auch die Wünsche und Sehnsüchte der Seele sind in diesem Augenblick erfüllt. In der sexuellen Lust öffnet sich der Mensch für etwas, das ihn übersteigt. Und er erfährt eine tiefe innere Dankbarkeit. Gott hat dem Menschen die Lust geschenkt, damit er sich der guten Gaben Gottes erfreuen kann. Er hat alles gut gemacht.

Paradiesisch

Nach Johannes Chrysostomus hat Gott den Menschen aus dem Paradies einige Dinge hinterlassen: die Sterne des Himmels, die Blumen des Feldes und die Augen der Kinder. Thomas von Aquin ergänzt, zwei Dinge habe Chrysostomus vergessen: den Wein und den Käse.

Johannes Chrysostomus war der begabteste Prediger der Ostkirche. Nicht umsonst erhielt er den Namen „Goldmund". Er hat den Menschen nicht nach dem Mund geredet, sondern die Botschaft Jesu so verkündet, dass die Menschen davon berührt wurden. Er hat den Egoismus der Reichen gegeißelt und sich durch seine Sozialkritik unbeliebt gemacht, sodass er sein Predigen mit der Verbannung bezahlte. Chrysostomus war aber alles andere als ein harter Moralist. Er hatte einen Blick für die Schönheiten des Lebens und für die Spuren des Glücks, die aus dem Paradies in unsere Welt gerettet wurden. Es sind die Sterne des Himmels, die unser Herz erheben, die Blumen des Feldes, die uns erfreuen, und die Augen der Kinder, aus denen uns das Glück entgegenstrahlt.

Thomas von Aquin, der – selbst gut genährt – offensichtlich ein gutes Essen und auch einen wohlschmeckenden Wein nicht verschmähte, fügte den eher unschuldigen Dingen des Johannes Chrysostomus noch zwei ganz irdische Dinge hinzu: Essen und Trinken – den Wein und den Käse. Wer etwa im Tessin den selbst gemachten Käse bei einem Schluck heimischen Rotweins bedächtig isst, der kann Thomas von Aquin nur recht geben: Das muss der Geschmack des Paradieses gewesen sein, der uns da in eine andere Welt hineinhebt. In solchen Momenten kann Ewigkeit erlebbar werden.

Freude ist etwas anderes als Lust. Sie hat zwar mit Lust zu tun. Aber Freude kann auch rein geistig sein. Lust hat immer etwas Irdisches an sich. Sie schmeckt nach Leidenschaft. Sie drückt sich aus im Leib. Lust ergreift und bewegt den ganzen Menschen. Wir haben sie allerdings zu sehr mit dem Irdischen verbunden, sodass wir sie aus dem geistlichen Bereich verbannt haben. Sie ist uns zu suspekt. Dabei gibt es auch unter Theologen eine andere Sicht: Der aus der bayerischen Oberpfalz stammende Theologe Johann Baptist Metz, Mitherausgeber einer internationalen theologischen Zeitschrift, lud seine aus vielen Ländern stammenden Herausgeberkollegen einmal nach München ein und wurde bei einem Abendempfang von ihnen gefragt, was denn so besonders an den Bayern sei. Seine Antwort: „Sie haben eine natürliche Freude an der Religion und eine mystische Freude am Bier." Bei einer späteren Gelegenheit, im ebenfalls bayerischen Weinland Franken, wandelte er diese Definition – die selber einer lustvollen Zugehörigkeit zu dem von ihm beschriebenen Stamm entspricht – etwas ab und sprach von der „irdischen Freude an Gott und von der mystischen Freude am Wein".

Es täte unserer Spiritualität gut, wenn die Freude an Gott einen irdischen Geschmack bekäme, den Geschmack eines guten Essens, der Schönheit der Schöpfung und der Lust, im Leib zu sein. Und die Freude am Wein, der ja die Frucht der Erde ist, sollte voll von Mystik sein. Indem ich einen guten Wein trinke, kann ich manchmal Ekstase in Gott hinein erfahren. Da spüre ich einen wundersamen Geschmack. Auch für Johann Baptist Metz ist dieser einzigartige Weingeschmack eine Vorahnung Gottes, der unser Leben mit seiner Liebe verzaubert und uns berauscht. Und das gilt natürlich nicht nur in Bayern oder für Bayern.

Hemmung macht krank

In der deutschen Philosophie war Lust kein Lieblingsthema. Immanuel Kant setzt der Lust die sittliche Pflicht entgegen. Erst die Psychoanalyse eines Sigmund Freud hat sich wieder ausführlich mit der menschlichen Lust beschäftigt. Für ihn ist das Streben nach Lust und das Vermeiden von Unlust der zentrale menschliche Antrieb von früher Kindheit an. Allerdings zeigt sich auch bei Freud, dass die Lust nicht lange währt. Wer erwachsen werden will, muss sich der Realität anpassen. Und die verspricht oft keine Lust mehr.

Für die heutige Psychologie ist Lust eine wichtige Empfindungsqualität des Menschen. Wenn der Mensch bei der Arbeit Lust empfindet, geht sie ihm besser von der Hand. Wenn er Lust beim Wandern hat, dann hebt sich sein Herz. Wenn er mit Lust in eine Besprechung geht, wird sie eher gelingen.

Und wenn Menschen Lust im sexuellen Einswerden spüren, dann fördert das ihr Erleben von Liebe. Lust dient der Gesundheit, sagen Psychologen. Und sie weisen auch auf das Gegenteil hin: dass der Mensch durch Lusthemmung krank wird.

Was das Herz begehrt

„Habe deine Lust am Herrn! Was dein Herz begehrt, wird er dir geben" (Psalm 37,4). Die Einheitsübersetzung spricht an dieser Stelle von der Freude am Herrn.

In der Übersetzung unseres Stundenbuches, die einige Benediktiner-Exegeten erarbeitet haben, steht hier in Übereinstimmung mit dem lateinischen Text (delectare) das Wort „Lust". Ich soll mich nicht nur intellektuell oder gefühlsmäßig über Gott freuen. Vielmehr geht es darum, mit dem ganzen Leib, in meinem ganzen Wesen, Lust an ihm zu haben. Hieronymus hat das in seiner Vulgataübersetzung genauso gesehen. Er spricht nicht von „laetare = freue dich", sondern von „delectare = habe Lust". Das lateinische Wort „delectare" bedeutet ursprünglich: an sich locken, sich ergötzen, Lust haben. Es meint eine Freude, die den ganzen Leib zittern macht. Da schwingt der ganze Leib mit.

Der Psalmist kennt nicht eine rein geistige Freude. Wenn er sich freut, freut er sich mit allen Sinnen. Und wenn er Lust an Gott hat, hat er sie mit

den gleichen Organen, die die sexuelle Lust ver-
spüren.

Aber ist das eine Erfahrung, die nur der Psalmist macht? Was heißt das für uns heute? Ich kann
diese Lust an Gott nicht einfach machen. Aber
wenn ich mit all meinen Sinnen genieße, was er
mir schenkt, dann ahne ich, was es heißt: Lust
an Gott zu haben, zu spüren, wie der ganze Leib
vibriert, wenn seine Liebe mich erfüllt.

Lust an der Fülle

Lust haben heißt für mich: mich mit dem ganzen Leib freuen über die Fülle des Lebens. Das ist auch eine biblische Erfahrung: „Die Armen werden das Land besitzen und ihre Lust haben an der Fülle des Friedens." So steht es in Psalm 37. Hier spricht der Beter von den Frevlern, die es den Armen schwer machen. Doch er spricht sich selbst Mut zu, nicht auf die Frevler zu achten, sondern still zu werden vor Gott und auf ihn zu harren. Gegen alle Bedrängnis durch böse Menschen steht seine Verheißung: Die Armen werden das Land besitzen und sie werden Lust haben an der Fülle des Friedens. Friede, Schalom, ist nicht nur das Fehlen von Krieg und Streit, sondern alles, was der Mensch ersehnt: Ruhe, Segen, Fülle des Lebens.

„Das Leben ist eine Herrlichkeit!"

Ich kenne Menschen, die immer etwas zu jammern haben. Wenn man sie nach dem Wetter fragt, jammern sie, dass es entweder zu heiß oder zu kalt ist, zu trocken oder zu regnerisch. Man hat den Eindruck, dass es ihnen keiner je recht machen kann. Wenn ich sie nach der Arbeit oder nach der Familie frage, geht das Klagen weiter. Nirgends sind sie zufrieden.

Solchen Menschen muss man bewusst ein Wort von Rainer Maria Rilke entgegenhalten und sie daran erinnern: „Vergessen Sie nie, das Leben ist eine Herrlichkeit." Rilke hat dies in einem späten Brief geschrieben, als er selber schon sehr krank war. Er bezieht sich nicht auf besondere Eigenschaften des Lebens, weder auf den Erfolg noch auf die Liebe, weder auf Gesundheit noch auf die Kraft der Jugend. Das Leben an sich, mit seinen Höhen und Tiefen, mit seinen Licht- und Schattenseiten, mit seinem Auf und Ab, mit Schmerz und Freude ist eine Herrlichkeit. Es ist immer spannend, das Leben anzuschauen und staunend zurückzutreten, um seinem Geheimnis nachzuspüren.

Entscheide dich dafür

Wenn mir jemand vorjammert, wie schlimm alles ist, hat es keinen Zweck, ihm das Positive vor Augen zu führen. Wie oft habe ich mir den Kopf darüber zerbrochen, was ich einem solchen Menschen sagen, auf welche Dinge ich ihn hinweisen könnte, um ihm zu zeigen, wofür er dankbar sein dürfe. Doch bei allem, was ich vorgebracht habe, hatte er neue Einwände: Bei ihm sei das doch alles ganz anders. Ich habe mir dann abgewöhnt, das Positive gegen das Jammern zu setzen.

Heute frage ich anders: Warum brauchst du das Jammern eigentlich? Was bringt es dir, dass du alles so negativ siehst? Welche Strategie bezweckst du, alles negativ zu sehen? Oder ich sage einfach: Du siehst das so. Aber man könnte es ja auch anders sehen. Warum meinst du, dass gerade deine Sichtweise stimmt? Es ist deine Sache, das Leben so zu sehen, wie du es willst. Ich akzeptiere das. Aber ich an deiner Stelle würde mich für das Leben entscheiden, anstatt dagegen.

Unverzichtbar

„Auf Begierde soll man verzichten, nicht aber auf Freude." Das sagt der Sufi-Meister Hazrat Inayat Khan. Eine klare Weisung. Sie gilt für alle spirituellen Traditionen. Manche werfen der christlichen Askese vor, sie sei lebensfeindlich, leibfeindlich, trübselig und hart. In Wirklichkeit geht es der Askese immer um die Einübung in die innere Freiheit.

Die Christen haben die Askese nicht erfunden. Askese ist ein Wort aus der griechischen Welt des Sports. Der Sportler trainiert sich, damit er größere Leistungen erzielen kann. Aus der Welt des Sports kam das Wort in die Philosophie. Die Philosophen übten sich ein in die innere Freiheit. Die Askese war für sie ein Training in die Haltungen, die sie als dem Menschen angemessen erkannt hatten: Gerechtigkeit, Tapferkeit, Maß und Klugheit. Sie war ein Weg, auf dem sie ihr Leben selbst in die Hand nahmen, anstatt von äußeren Einflüssen oder aber von den Begierden im Innern ihres Herzens gelebt zu werden.

Beunruhigend

Gier – so sah es schon die stoische Philosophie – trübt die Freiheit und Würde des Menschen. Der Mensch kann nicht mehr über sich verfügen, wenn er sich von seinen Begierden treiben lässt. Er verliert die Klarheit seines Geistes und die Ruhe seines Herzens. Askese ist daher nicht lebensfeindlich, sondern lebensfreundlich. Sie will uns in die wahre Freude führen.

Ein anderes Wort für Askese ist „Disziplin". Es kommt vom lateinischen Wort „discapere" und meint: in die Hand nehmen, selber gestalten. Für Hildegard von Bingen besteht das Wesen der Disziplin in der Kunst, sich immer freuen zu können. Wer voller Gier ein Stück Torte nach dem anderen verschlingt, der kann sich am Genuss nicht freuen. Er wird sich nachher ärgern, dass er zu viel gegessen hat. Wer sich dagegen auf den Genuss eines Stückes beschränkt, der kann sich beim Essen und noch lange danach freuen. Er behält den Geschmack der Freude in seinem Mund und in seinem Herzen.

Nicht nur geistige Freude

Wer sich Lust verbietet, dem stößt das Leben sauer auf. Und er schädigt sich dadurch selber, denn ohne Lebenslust wird auch unser geistliches Leben kraftlos und saftlos. Lust ist ein wesentlicher Antrieb des Menschen. Diesen Antrieb braucht auch unser geistliches Leben. Zu oft ist Spiritualität mit Leiden gleichgesetzt worden. Aber Spiritualität umfasst auch unsere Sehnsucht nach Glück und unsere positiven Erfahrungen. Natürlich darf Spiritualität nicht verflachen zur Wohlfühlbefindlichkeit, zu einer Wellness-Spiritualität, die nur Kuschelecken der Entspannung sucht.

Aber dass das geistliche Leben, wenn es stimmt, auch lustvoll ist, das sollten wir uns bewusst machen und achtsamer wahrnehmen. Im Lukasevangelium reagieren die Leute auf die Worte und Taten Jesu immer mit Freude. Das war nicht nur eine rein geistige Freude. Es war Lust an dem, was sie sahen und erlebten.

Stell dich in den Fluss des Lebens

Mit allen Sinnen ganz präsent

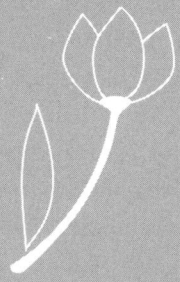

Reines Dasein

„Manchmal denke ich. Und manchmal bin ich."
Paul Valery hat mit dieser Einsicht eine überraschende Einsicht und eine Erfahrung vieler er-
leuchteter Menschen formuliert, eine Einsicht, die
uns alle betrifft. Wir haben einen Verstand und
den müssen wir auch gebrauchen. Er hilft uns, unser Leben zu meistern. Doch manchmal steht der
Verstand unserer Sehnsucht nach Leben im Weg.
Solange ich über mein Leben nachdenke, bin ich
auch in Distanz, ziehe ich mich vom Leben zurück.
Ich denke über das Leben nach und bin doch von
ihm getrennt. Ich reflektiere das Leben, aber ich
nehme es nicht wahr. Ich spüre es nicht.

Paul Valery kennt die andere Erfahrung, dass er manchmal einfach nur da ist. Der Verstand ist nicht einfach ausgeschaltet, aber er ruht. Er hört auf, über das Leben nachzudenken. Er nimmt das Leben einfach wahr. Wenn ich einfach da bin, reines Dasein bin, dann lebe ich wirklich. Dann brauche ich nicht darüber zu reflektieren, ob ich jetzt Lust empfinde oder nicht. Ich bin einfach. Das genügt.

Gott hat sich im Alten Testament als der geoffenbart, der einfach ist: Ich bin da. Die Griechen haben das in ihre Philosophie hinein übersetzt: „Ich bin der Seiende. Ich bin reines Sein." Jesus selbst offenbart sich vor allem im Johannesevangelium immer wieder mit dem Satz: „Ich bin." Er ist einfach da.

In der Meditation, aber oft auch mitten im Alltag kann uns dieses Gefühl überfluten: Ich bin. Ich kann darüber nicht mehr nachdenken. Denn ich komme nie damit ans Ende, was es heißt, zu sein. Ich bin reines Dasein.

Wie ein Strom, der fließt

Henry Miller hat in seinem Buch „Das Lächeln am Fuße der Leiter" den Clown als Inbegriff der Lebensfreude beschrieben. Er sagt vom Clown: „Er wünschte, den Menschen das Geschenk einer unablässigen, stetig sich neu erweckenden, neu sich speisenden Freude zu geben." Es ist eine wunderbare Aufgabe, die der Clown sich gestellt hat. Er möchte den Menschen eine Freude schenken, die sich immer wieder erneuert. Freude ist für den Clown wie ein Strom, der ohne Unterlass fließt. Wie der Strom nicht aufhört zu strömen, so möchte auch die Freude in uns beständig fließen. Die Botschaft des Clowns besteht nach Henry Miller darin, „dass wir teilhaben sollen am unaufhörlichen Fluss der endlosen Freude". Wenn ich die Freude in mir strömen lasse, kann ich sie nicht in Besitz nehmen oder anhalten. Ich muss sie fließen lassen: „fließen immerfort, ohne Ende wie Musik. Das ist der Gewinn im Verzicht und der Clown ist das Sinnbild dafür."

Freude kann ich nicht festhalten. Das wäre gegen das Wesen der Freude. Wenn Freude fließen muss, kann nur der sie erfahren, der sich ihrem Fluss überlässt. Er kann die Freude nur genießen, wenn er darauf verzichtet, sie für sich zu haben und festzuhalten.

Was von der Freude gilt, gilt auch für die Lust. Die Lust kann man nicht anhalten. Man kann sich ihr nur überlassen. Letztlich ist es eine spirituelle Forderung, sich loszulassen und sich dem Leben zu überlassen. Nur der spürt Lust, der sich von seinem Ego, das immer haben und greifen möchte, distanziert. Selbstverleugnung kann zur Voraussetzung für echte Lust werden. Selbstverleugnung heißt nämlich nichts anderes als dies: Abstand zu bekommen von dem Ego, das alles besitzen oder konsumieren möchte, und das ist die Voraussetzung, um sich dem wahren Leben zu überlassen.

Vergiss dein Gehirn eine Weile

Wir sind zu kopflastig. Wir denken über die Dinge nach, wenn es darauf ankäme, sie zu spüren. Im Denken schaffe ich Abstand, nicht nur zu den Dingen, sondern auch zu Personen. Ich mache mir eine Theorie über einen Menschen, anstatt mich auf den Menschen einzulassen. Der Kopf ist immer unruhig. Er denkt ständig an etwas anderes. Natürlich ist der Verstand etwas Kostbares. Ohne ihn wären wir nicht so weit gekommen, wie wir sind. Ohne ihn hätte ich mein Leben nicht so gemeistert. Aber oft genug steht er mir auch im Weg und hindert mich daran, den Augenblick zu genießen. Denn der Verstand vermag nicht im Augenblick zu verweilen.

Anders meine Sinne: Sie führen mich ein in die Kunst, im Augenblick zu sein. In den Sinnen bin ich immer ganz präsent. Da spüre ich, da schaue ich, da höre ich, da rieche ich, da schmecke ich, da berühre ich: hier und jetzt. Der Dichter Otto Julius Bierbaum lädt uns ein, einmal die Herrschaft des Gehirns zu verlassen, um uns ganz den Sinnen und durch sie dem Leben hinzugeben. Das ist ein

Weg, die Lust am Leben zu erfahren:

Vergiss dein Gehirn eine Weile und sei
Gedankenlos dem lieben Leben
Blumeninnig hingegeben;
Vergiss dein Begehren, vergiss dein Streben
Und sei in seliger Einfalt frei
Des Zwangs, der dich durchs Hirn regiert!
Er hat dich freilich hoch geführt
Und vieles dir zu wissen gegeben,
Aber das allertiefste Leben
Wird nicht gewusst, wird nur gespürt.
Der Blumen zarte Wurzeln fühlen
Im keimlebendigen, frühlingskühlen
Erdboden mehr von ihm als du.
Und bist doch auch ein Kind der Erde.
Dass sie nicht sinnenfremd dir werde,
Wende ihr heute die Sinne zu!

Otto Julius Bierbaum (1865–1910)

Leben ist die Lösung

Es gibt heute eine Flut von Ratgeberbüchern. Sie versprechen Hilfe, unser Leben besser zu bewältigen. In manchen dieser Bücher wird das Leben als Problem gesehen, das man lösen sollte. Die vielen Ratschläge wollen zeigen, wie man das Leben in den Griff bekommt, wie es sinnvoll zu leben wäre. Manchmal hat man den Eindruck, dass das Leben wie ein Feind angesehen wird, den man zu überwältigen versucht.

Der große südfranzösische Dichter Marcel Pagnol zeigt uns einen anderen Weg, mit dem Leben umzugehen: „Leben ist für den Optimisten kein Problem, sondern bereits die Lösung." Dahinter steckt nicht nur südliche Lebensfreude, sondern die tiefe Weisheit: Es geht nicht darum, das Leben in den Griff zu bekommen, sondern dem Leben Raum zu geben. Das Leben ist nicht das Problem, das wir lösen sollen. Wenn das Leben strömt, dann ist das schon die Lösung. Leben hat etwas zu tun mit Fließen und Strömen. Unsere Aufgabe kann nur sein, dem strömenden Leben nicht Einhalt zu gebieten, sondern ihm freien Lauf zu lassen. Und an uns liegt es, das Leben zu spüren, das schon in uns ist.

Einverstanden mit dem Ganzen

„Um gesund zu sein, muss man der Welt im Ganzen zustimmen." Der Medizinhistoriker Heinrich Schipperges hat das Geheimnis der Heilkunde Hildegards von Bingen so zusammengefasst: Gesundheit kann man nicht nur durch gesunde Ernährung oder durch eine gesunde Lebensweise erreichen. Wer im Innersten gesund sein will, der muss einverstanden sein mit der Welt, so wie sie ist. Nur so kommt er mit sich selbst in Einklang. Und dies ist die Voraussetzung der Gesundheit.

Zu unserer Welt gehört auch die Krankheit. Der Welt im Ganzen zustimmen heißt auch, ja zu sagen, dass ich krank werden kann. Wenn ich auch meiner Krankheit zustimme, verliert sie ihre zerstörerische Macht. Sie kann zwar meinen Leib zum Tod führen. Aber mich in meiner Seele vermag sie nicht zu vernichten. Wenn ich der Welt mit ihren Gegensätzen zustimme, dann bleibe ich heil, selbst wenn ich von einer unheilbaren Krankheit befallen bin.

Das Jubeln der Amsel

Joachim Ernst Berendt, der viel über das Hören geschrieben hat, spricht einmal von „einem Frühlingsmorgen in einem Baum, an dem die ersten Blätter sprießen und auf dessen höchstem Trieb jubelnd die Amsel flötet." Berendt, Sohn eines evangelischen Pfarrers, galt lange Zeit in Deutschland als der Kritiker, der sich am besten mit Jazz auskannte. Mich hat immer fasziniert, wie er über die Sinne schreibt. Ihm stand der Hörsinn im Zentrum.

Das Hören führt zum Leben. Das Hören von heiterer Musik weckt in mir die Freude. Und manchmal erfahre ich im Hören eine unaufhörliche Lust. Im Hören höre ich das Unhörbare. Und Hören ist ein sehr emotionaler Sinn. Wer ganz im Hören ist, hört sogar die Blätter sprießen. Und das Lied der Amsel lässt das eigene Herz aufjubeln.

Für die Mystiker des Mittelalters war der Jubel die höchste Erfahrung Gottes. Im Jauchzen und Jubeln wird der Mensch ganz und gar von Gott aus sich herausgerissen und in die göttliche Ekstase hineingeführt. Da hört er das Unhörbare. Da fängt er selbst an zu singen. Für Augustinus ist das Jubeln die Kunst, ohne Worte Gott zu besingen, der jenseits aller Worte ist. „Wem ziemt solcher Jubilus, wenn nicht dem unaussprechlichen Gott? Unaussprechlich ist, wen man in Worten nicht aussprechen kann. Und wenn du ihn nicht aussprechen kannst, aber trotzdem nicht schweigen willst, was bleibt dir übrig, als zu jubilieren, damit sich das Herz ohne Worte freue und die unendliche Weite der Freude keine Grenze habe an den Worten?"

Im jubelnden Flöten der Amsel klingt etwas vom wortlosen Jubilus an, der das unaussprechliche Geheimnis unseres Daseins auf angemessene Weise besingt und preist.

Warum der Vogel singt

Ein chinesisches Sprichwort heißt: „Ein Vogel singt nicht, weil er die Antwort weiß – er singt, weil er ein Lied hat." Eine wunderschöne Weisheit ist hier ausgedrückt. Der Vogel singt, weil er in sich ein Lied hat, das nach außen drängt. Nicht, um irgendjemandem eine Antwort zu geben. Nicht, weil er die Antwort auf die großen Fragen der Zeit hat. Er singt, weil er Lust am Singen hat.

Manche Dichter suchen mit ihren Gedichten eine Antwort auf die tiefsten Fragen der menschlichen Seele zu geben. Doch andere Dichter schreiben aus lauter Freude an der Sprache. Sie spielen mit der Sprache. Sie drücken das innere Lied aus, das in ihnen erklingt, ohne sich den Kopf zu zerbrechen, ob ihre Worte irgendeinem Menschen eine Antwort auf seine Fragen geben.

„Antwort" heißt eigentlich: Worte sagen angesichts eines anderen, gegenüber einem anderen. Antwort ist Gegenrede. In der Antwort sind wir immer auf einen anderen bezogen. Wir sagen dem anderen etwas. Oft genug stehen wir unter Druck, wenn wir dem anderen etwas sagen wollen. Wir möchten ihm das Richtige sagen, etwas, das vor ihm bestehen kann.

Der Vogel, der singt, ist frei von solchem Druck. Er denkt nicht an die anderen, denen er vorsingt, und er singt nicht deshalb, weil er gut singen möchte. Er singt, weil das Lied in ihm ist und nach außen drängt. Das Singen ist Ausdruck seiner inneren Freude. Und gerade weil sein Singen so zweckfrei ist, macht es uns Freude. Absichtsloses Singen spiegelt die innere Freiheit und Lust am Leben wider. Wenn wir hinter etwas zu viel Absicht spüren, stört es uns. Das Sprichwort sagt: „Man spürt die Absicht und ist verstimmt." Der Vogel hat keine Absichten mit seinem Singen. Er singt, weil er ein Lied hat. Aus purer Lebenslust.

Farbe der Hoffnung, Farbe des Lebens

„Wenn ich einen grünen Zweig im Herzen trage, wird sich ein Singvogel darauf niederlassen." Was dieses chinesische Sprichwort meint: Glück kann man nicht machen. Und doch liegt es auch an uns, ob wir uns freuen oder ob wir schlechter Stimmung sind. Denn – so rät uns dieses Sprichwort – wir können unser Herz mit einem grünen Zweig schmücken. Denn Grün ist die Farbe der Hoffnung, des neuen Lebens.

Hoffnung ist eine Tugend. Man kann sie erwerben. Um sie muss man sich bemühen. Hoffen heißt: trotz aller deprimierenden Wirklichkeit auf eine heilvolle Zukunft setzen, sich selbst nicht aufgeben, vertrauen, dass Gott alles zu verwandeln vermag.

Das chinesische Sprichwort vertraut auf die Hoffnung: Ein Singvogel wird sich mit Sicherheit auf unseren grünen Zweig setzen. Er wird unsere Seele mit Freude erfüllen – wenn wir nur der Hoffnung in uns Raum geben.

Tue nichts und lass das Leben auf dich regnen

„Was machen Sie?", wurde die Dichterin Rahel Varnhagen einmal gefragt. Ihre Antwort: „Nichts. Ich lasse das Leben auf mich regnen." Eine überraschende Reaktion: Heute wollen wir jede Haltung lernen. Wir wollen wissen, wie ich Glück lernen kann, wie ich Lust am Leben einüben kann. Doch je mehr man etwas machen will, desto schneller entschwinden Glück und Lust. Rahel Varnhagen hat eine andere Antwort: Sie tut nichts, um das Leben als Lust zu empfinden. Sie lässt das Leben einfach auf sich regnen. Wenn ich im Regen stehe und den Regen einfach auf mich strömen lasse, dann kann ich tatsächlich Lust empfinden.

Normalerweise ist uns Nässe unangenehm, wir schützen uns vor Regen. Das ist auch normal. Denn wir können nicht mit klammen Kleidern herumlaufen. Doch wenn ich fast unbekleidet im warmen Regen stehe, dann fühle ich auch auf ganz angenehme Weise, wie es strömt. Im Regen spüre ich das fließende und strömende Leben selbst.

Ich habe zehn Jahre lang mit Jugendlichen eine Wanderwoche veranstaltet. Einmal sind wir von einem starken Regenguss überrascht worden. Es war vorher sehr warm. Die Jugendlichen sind vor dem Regen nicht geflohen. Sie haben den Regen richtiggehend genossen und angefangen, im Regen zu tanzen. Man sah ihnen ihre Lust an, den Regen mit allen Sinnen wahrzunehmen, anstatt sich dagegen zu wehren.

Rahel Varnhagen sieht den Regen als Bild für das Leben. Sie stellt sich in den Strom des Lebens. Das Leben ist überall da. Es umgibt uns. Wir brauchen uns nur zu öffnen. Dann spüren wir, wie das Leben auf uns einregnet. Das Leben wahrzunehmen, das schon da ist, das ist Lust am Leben.

Du Frühlingswind

Die Lust, die wir empfinden, liegt in unserer Natur. Ja, sie ist offensichtlich der Schöpfung eingegeben. Wenn wir Lust spüren, dann kommen wir in Berührung mit einer Energie, die Gott in die Schöpfung hineingelegt hat, in die Pflanzen, in die Tiere, in den Leib, in die Leidenschaften. Salvatore Toma hat in einem kleinen Gedicht diese Lust beschrieben, die in jedem Blatt und in jeder Knospe steckt:

> Frühlingswind, du sprichst
> Mit Blätterstimmen.
> Öffnest die Knospen
> Und lässt sie erzittern.

Gerade im Frühling können wir diese Lust beobachten, wie sie aufbricht und alles in uns und um uns erzittern lässt. Salvatore Tomas Gedicht zeigt uns den Weg, wie wir diese Lust erfahren können. Wir brauchen nur zu staunen vor dem, was ist. Wir brauchen nur zu beobachten, was wir sehen, und die Tiefe von dem erspüren, was wir schauen.

Dann sehen wir die Lust, dann spüren wir sie, dann geht sie von der Schöpfung in uns über, dann nehmen wir nicht nur den Frühlingswind wahr, sondern werden von ihm zur Lust auf dem Grund unseres Herzens geführt. Der Frühlingswind berührt uns und öffnet die Knospen, die in uns verborgen sind und danach drängen, aufzubrechen zu einer kraftvollen Lebensfreude.

Ein unbesiegbarer Sommer

„Tief im Winter lernte ich endlich, dass in mir ein unbesiegbarer Sommer lag" (Albert Camus). Wenn der Winter uns mit klirrender Kälte umgibt, sehnen wir uns nach der Wärme des Sommers. Der französische Dichter und Philosoph Albert Camus hat die Erfahrung des Sommers mitten im Winter gemacht – in sich. Und dieser Sommer konnte aus seinem Herzen durch keine Kälte vertrieben werden.

Die Erfahrung von Albert Camus, der die Absurdität des Lebens kannte, aber an ihr nicht verzweifelt ist, möchte auch uns ermutigen, mitten in der Kälte unseres Herzens die unbesiegbare Wärme der Sonne zu sehen. Auch wenn wir uns leer fühlen, ist in uns die Gewissheit, dass es in uns wieder aufblühen wird. Wir sehnen uns nicht nur nach dem Sommer. Er ist immer in uns. Und er ist unbezwingbar. In der Natur wird er mit Sicherheit wieder kommen. Er ist so im Rhythmus der Natur verankert, dass er sich durch keinen Winter vertreiben lässt. Genauso ist er auch in unserer Seele verankert. Und keine Depression, keine Enttäuschung, kein Nebel und keine Kälte kann ihn aus der Seele herausreißen. Im Winter spüren wir den Sommer nicht. Aber zu wissen, dass er in uns ist, und zwar als unbesiegbarer, das entmachtet den Winter. Das lockert den Griff jeder Kälte, die ihre Finger nach uns ausstreckt.

Der Himmel ist schon da

Immer wenn ich dieses Gedicht von Rose Ausländer lese, stelle ich mir ein kleines Mädchen vor, das unbeschwert im Sandkasten spielt:

> In ihren Augen badet das Meer
> ihr Haar ist ein Schwarm Schwalben
> die Hand eine bronzene Blüte.
> Sie schaufelt Sonne in den Blecheimer
> Schüttet sie in meine Hand
> Lacht ein Echo in den Sand

Dieses Mädchen muss nicht ans Meer, um baden zu können. Das Meer selber badet sich in seinen Augen. Der Wind weht durch sein Haar. Es ist ganz Natur. Wie ein Schwarm Schwalben, die auf und nieder fliegen, voller Lust am Leben, voller Lust am Fliegen. Das Mädchen schaufelt mit seiner Hand nicht nur den Sand in seinen Blecheimer, sondern die Sonne. Wenn ich seinem selbstvergessenen Spiel zuschaue und sehe, wie es voller Freude ist über das, was es tut, dann ist es, als ob das Kind aus seinem Blecheimer die Sonne auch in meine Hand schüttet. Und der Sand, den das Kind in den Kasten zurückschüttet, ist wie ein Lachen. Wenn ich es wagen würde, selbst mit dem Sand zu spielen, würde ich das Echo seines Lachens in jedem Sandkorn hören.

Dann geht mir auf, was Jesus meinte, wenn er sagt: „Wenn ihr nicht werdet wie die Kinder, könnt ihr nicht in das Himmelreich eingehen." Der Himmel ist schon da. Aber vor lauter Fixiertsein auf die Erde und ihren alltäglichen Kleinkram vermag ich ihn nicht zu sehen. Wenn ich so lebe, kann ich auch nicht in das Himmelreich eingehen: in das Reich, in dem man die Sonne in Blecheimer schaufelt und die Liebe in jeder Blüte erkennt.

Die Erde – eine Himmelsblume

„Wir nannten die Erde eine der Blumen des Himmels und den Himmel nannten wir den unendlichen Garten des Lebens." Friedrich Hölderlin ist wohl der deutsche Dichter, der die schönste Sprache spricht. Dem Zauber ihres melodiösen Flusses kann man sich kaum entziehen. Dieser Zauber ist freilich nichts Oberflächliches. Schönheit und Schmerz gehen hier zusammen.

Die Erde ist eine Blume, die die Schönheit des Himmels in sich trägt, die den Himmel über uns öffnet: Wenn ich dieses Wort in mein Herz fallen lasse, dann verändert es meine Augen. Ich werde mit einem anderen Blick auf diese Erde schauen. Ich werde nicht fixiert sein auf die Verwüstung und Zerstörung, die Menschen dieser Erde angetan haben. Ich muss dies alles nicht leugnen oder verdrängen und ich werde trotz allem sehen, wie die Blume die harte Erde durchbricht, wie sie wächst, wie sie Knospen treibt und schließlich die Blüte aufgehen lässt.

Wenn der Himmel für Hölderlin der „unendliche Garten des Lebens" ist, klingen biblische

Bilder an. Die Schöpfungsgeschichte spricht vom Garten des Paradieses, in dem der Mensch im Einklang war mit sich und Gott und mit der ganzen Schöpfung, wo er glücklich und zufrieden war. Das Hohe Lied spricht vom Garten der Liebe, in dem sich Braut und Bräutigam treffen, um die Liebe miteinander zu genießen. Doch der schönste Garten, von dem die Bibel spricht, ist für mich der Garten der Auferstehung. In ihm begegnet Maria von Magdala dem Auferstandenen und erfährt eine Liebe, die stärker ist als der Tod.

Wenn Hölderlin den Himmel den unendlichen Garten des Lebens nennt, dann klingt in seinen Worten etwas wider vom Garten der Auferstehung, der den begrenzten Garten des Paradieses entgrenzt und uns den unendlichen Garten des Lebens öffnet, den Gott uns geschenkt hat, damit wir ohne Ende uns an seiner Schönheit erfreuen.

Setz dich ins Gras und
öffne die Augen

„Wenn wir uns nicht glücklich fühlen, so liegt das daran, dass wir vergessen, dass bereits gesunde Augen ein Grund zum Glücklichsein sind. Wir brauchen uns nur ins Gras zu setzen, unsere Augen zu öffnen und mit Achtsamkeit zu schauen. Dann erkennen wir das Paradies der Formen und Farben." Thich Nhat Hanh, der buddhistische Mönchspoet aus Vietnam, lehrt seine Schüler und Schülerinnen den Weg der Achtsamkeit. Achtsam im Augenblick zu sein, das ist für ihn mehr als nur eine Übung der Konzentration, es ist der Weg zum Glück. Dass sich viele Menschen nicht glücklich fühlen, liegt für ihn in der mangelnden Achtsamkeit begründet. Es braucht nicht viel zum Glück. Es braucht nur die Achtsamkeit.

Wenn wir dankbar sind für das, was wir wahrnehmen, dann sind allein die gesunden Augen schon eine Quelle des Glücks. Täglich dürfen unsere Augen wunderbare Dinge sehen. Aber es braucht die Übung der Achtsamkeit, damit wir die

Wunder auch bewusst wahrnehmen, die sich unserem Auge täglich darstellen: das Wunder einer Rose, das Wunder eines Berges, das Wunder eines Käfers, der unseren Weg kreuzt, das Wunder eines menschlichen Antlitzes.

Im Steigerwald besitzt unsere Abtei Münsterschwarzach einen kleinen Hof, den Winkelhof, zu dem wir Mönche uns zurückziehen können. Er liegt mitten in wunderbaren Wäldern. Wenn ich im Herbst auf die bunten Wälder schaue, wie sie im Sonnenlicht erstrahlen, dann habe ich den Eindruck, dass Gott ein wunderbarer Maler ist. Er hat über die Bäume Farben ausgestreut, wie es kein Künstler besser könnte.

Nicht umsonst sprechen wir vom goldenen Oktober, wenn die Blätter in der Sonne golden glänzen. Wenn ich ganz im Schauen aufgehe, dann erlebe ich eine tiefe innere Freude. Dann schaue ich in das „Paradies der Formen und Farben", das der Dichtermönch aus Vietnam gemeint hat.

Durch die Blume

„Euch (Blumen) erzog zu Lust und Wonne,
ja, euch liebte die Natur."
(Friedrich Schiller)

Schiller meint nicht, dass die Blumen Lust empfinden können wie der Mensch. Doch für ihn sind
die Blumen von der Natur dazu erzogen worden,
Lust und Wonne zu sein. Letztlich ist es nicht die
Natur, die die Blumen liebt und sie mit Lust und
Wonne erfüllt hat, sondern der Schöpfer der Natur. Der Dichter spürt in den Blumen sichtbar, oft
auch riechbar gewordene Lust. Es liegt am Menschen, diese Lust, die ihm in der schönen Blume
begegnet, auch wahrzunehmen, sie zu schauen,
sie zu betasten und sie zu riechen. Dann erfährt er,
dass er nicht nur Lust über die Blume empfindet,
sondern dass er an der Lust der Blume selbst Anteil hat. Er spürt die Lust, die in der Blume steckt
und die nur eines Schlüssels bedarf, um für ihn
erschlossen zu werden. Den Schlüssel, um die Lust
in den Blumen zu erleben, bieten ihm seine fünf
Sinne an. Er muss sie nur benutzen.

Die Sonne hinterm Wolkenhimmel

Bienen können die Sonne auch durch den Wolkenhimmel hindurch fühlen. Die Dichterin Hilde Domin macht daraus einen Wunsch:

Wer wie die Biene wäre
Die die Sonne
Auch durch den Wolkenhimmel fühlt
Die den Weg zur Blüte findet
Und nie die Richtung verliert
Dem lägen die Felder im ewigen Glanz
Wie kurz er auch lebte
Er würde selten weinen.

Wer das Licht auch durch den Nebel des Alltags hindurchschimmern sieht, wer den Glauben an die Helligkeit nicht aufgibt, auch wenn er im dunklen Loch seiner Depression sitzt, der findet auch mitten in seiner Traurigkeit und Unzufriedenheit den Weg ins Freie oder, im Bild des Gedichts, zur Blüte, an der er sich satt saugen und an deren Schönheit er sich erfreuen kann.

Es ist eine eigene Lebenskunst, diesen Weg auch

dann zu finden, wenn ich innerlich aufgewühlt oder verletzt, wenn ich enttäuscht und verzweifelt bin. Die Blüten sind da, auch wenn es dunkel und neblig ist. Doch ich bräuchte ein inneres, instinktives Gespür wie die Biene, dass ich diese Blüten auffinde. Für den einen ist es die Musik, die er auf seinem CD-Player auflegt, um mitten im inneren Chaos sich an ihrer gestalteten Schönheit zu erfreuen. Für den andern ist es ein Bild, das er anschaut. Für mich sind es oft Worte aus der Bibel, die mir in schwierigen Situationen helfen. Das Bild Hilde Domins stimmt: Sie sind dann für mich wie eine Blüte unter einem wolkenverhangenen Himmel.

Wer diese Kunst gelernt hat, der sieht die Felder seiner Seele im ewigen Glanz liegen. Der erkennt den göttlichen Glanz seiner Seele, auch wenn sie durch Traurigkeit oder Kränkung verdunkelt ist. Wie die Biene die Blüten immer und überall zu finden, an den Glanz der eigenen Seele zu glauben, auch wenn alles dagegen spricht – darum geht es. Der Glaube an das Licht, das in uns leuchtet, auch wenn man es nicht sieht, wird uns zu dem befähigen, was die Dichterin dem Menschen wünscht:

Wie kurz er auch lebte
Er würde selten weinen.

Gipfelerfahrung

„Wo ein Begeisterter steht, ist der Gipfel der Welt." Joseph Freiherr von Eichendorff hat das gesagt. Wenn ich im Urlaub in den Bergen unterwegs bin und einen Gipfel erklommen habe, empfinde ich ein tiefes Gefühl von Dankbarkeit. Und wenn ich in die wunderbare Bergwelt hineinschaue, dann bin ich begeistert und ergriffen von dem, was ich sehe. Und im Schauen spüre ich, dass mich etwas erfasst, was über diese Welt hinausgeht, dass es Geist ist, der mich bewegt, letztlich göttlicher Geist.

Der romantische Dichter Joseph Freiherr von Eichendorff sieht dort, wo ein Begeisterter steht, den Gipfel der Welt. Wer begeistert ist, vermag auch andere zu begeistern. Begeisterung ist das, was Abraham H. Maslow mit Gipfelerlebnis beschreibt. Der Begeisterte steht innerlich auf dem Gipfel, auch wenn er sich gerade im Tal seines Alltags befindet. Er verbreitet um sich eine Atmosphäre von Geist, von Lebendigkeit, von Intensität. Er öffnet mir die Augen für das Geheimnis des Lebens, für seine Schönheit und Einmaligkeit. Dort, wo ein Begeisterter mich zu begeistern vermag, dort ist der Gipfel der Welt. Dort geschieht ein Gipfelerlebnis. Dort bricht Gottes Glanz in meine Seele ein.

Der Glanz des ersten Mals

Die christliche Tradition des „memento mori"
(„Denke, dass du sterben musst") empfiehlt uns
die Vorstellung, dass jeder Tag der letzte sein könnte. Wir sollen daher jeden Augenblick bewusst leben und ihn dankbar auskosten. Ein griechisches
Sprichwort gibt einen anderen Rat: „Beginne jeden
Tag, als wäre es der erste. Beschließe jeden Tag, als
wäre es der letzte." Zu Beginn des Tages sollen wir
uns vorstellen, es wäre der erste Tag überhaupt,
den wir leben. Natürlich wissen wir, dass es nicht
der erste Tag ist. Aber wenn ich den Beginn des Tages bewusst so setze, als ob es der erste Tag meines
bewussten und wachen Lebens wäre, dann werde

ich achtsam und zugleich neugierig in den Tag hineingehen. Ich werde die Menschen anschauen, als ob ich sie zum ersten Mal sähe. Vorurteile werden wegfallen. Was ich bisher über diesen Menschen gedacht habe, ist nicht wichtig. Alle Schubladen, in die ich Menschen gesteckt habe, haben sich in nichts aufgelöst.

Alles wäre anders: Ich würde an meine Arbeit mit Neugier gehen. Ich würde mich freuen, Dinge so zu tun, als ob ich sie das erste Mal täte. Ich hätte keine Angst, dass ich die Arbeit nicht zustande brächte. Vielmehr würde ich ausprobieren, wie ich sie geschickt und mit Lust vollziehen könnte. Und ich würde die Schöpfung um mich mit neuen Augen ansehen. Ich würde in meinen Garten schauen, als ob er ganz neu wäre. Ich würde manche Schönheit darin entdecken, die ich bisher übersehen habe.

Beim Beschließen des Tages soll ich mir vorstellen, es wäre der letzte Tag. Das heißt für mich: Ich beende diesen Tag, als ob es das Ende meines Lebens wäre. Ich lege alles in Gottes gute Hand, diesen Tag, mich selbst, alle Menschen, die mir lieb sind, und mein ganzes Leben. Solcher Beschluss des Tages ermöglicht mir gleichzeitig einen neuen Anfang. Und er gibt mir das Gespür, dass ich immer wieder alles loslassen sollte, um mich in Gottes gute Hände zu ergeben. Die Nacht erinnert mich an den Schlaf des Todes. Und jeden Morgen erfahre ich die Auferstehung zu neuem Leben, das Gott mir ermöglicht.

Es steckt viel Weisheit in diesem Sprichwort. Es verwandelt mein Beginnen und mein Beschließen, meinen Anfang und mein Ende.

Das Leben tanzen

Im Einklang mit
der Melodie der Freude

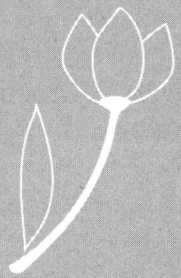

Mich wundert's ...

Ich komm', weiß net woher,
Ich fahre, weiß net wohin,
Mich wundert's, dass ich fröhlich bin.

Es sind eigenartige Verse, die dieses mittelalterliche Gedicht uns überliefert. Obwohl der Dichter nicht weiß, woher er kommt und wohin er geht, ist er doch fröhlich. Und er wundert sich über seine Fröhlichkeit. Er stellt sich die Grundfragen des Menschseins: Woher komme ich und wohin gehe ich? Aber er gibt sein Unwissen zu. Er kennt die letzten Antworten nicht. So begnügt er sich mit seinem Nichtwissen. Und damit erringt er die wahre Weisheit, die nach Sokrates darin besteht:

zu wissen, dass ich nichts weiß. In seinem Nicht-wissen ist er dennoch fröhlich. Er wundert sich darüber. Er kann seine Fröhlichkeit nicht erklä-ren. Sie hat keinen Grund. Sie ist einfach in ihm. Er freut sich, weil er sich freut. Er findet sich als fröhlich vor. Die Fröhlichkeit ist offensichtlich eine Grundlage seines Daseins. Und damit erkennt er bei allem Nichtwissen etwas Wesentliches über den Menschen: Der Mensch ist Freude. Die Fröh-lichkeit ist ihm von Natur aus mitgegeben. Letzt-lich ist sie ein Gottesgeschenk. Aber auch das will der Dichter nicht beweisen. Er nimmt dankbar an, dass er fröhlich ist. Das genügt ihm.

Leben ist Tanz

„Ich bin entschlossen, mich von den Tönen verwandeln zu lassen, die aus der Stille meiner Seele
aufsteigen, und mein Herz soll die Melodie finden,
zu der ich mein Leben tanze", sagt Sheldon Kopp,
ein amerikanischer Psychotherapeut. Diese Erfahrung hat vermutlich jeder von uns schon gemacht.
Eine schöne Musik kann unser Herz verwandeln
und es mit Freude erfüllen. Kopp meint aber nicht
die Musik, die wir im Konzertsaal hören oder auf
CDs gespeichert haben. Wenn er sich der Stille
überlässt, hört er aus der Stille seiner Seele Töne
aufsteigen. Es sind nicht die einmal im Konzert
gehörten Töne, sondern Töne, die aus ihm selber
kommen. Das Herz soll zu diesen Tönen, die aus
ihm aufsteigen, eine Melodie finden, zu der er sein
Leben tanzt. Das Herz hat also die Fähigkeit, aus
den einzelnen Tönen, die in uns erklingen, eine
Melodie zu formen. Manchmal ertönen in uns
schrille Klänge. Das Herz bildet daraus eine Melodie, nach der wir tanzen können.

Melodie der Stille

Wir sind im Einklang mit uns selbst, wenn wir nicht nach der Pfeife anderer Leute tanzen, sondern nach der inneren Melodie, die das eigene Herz in uns formt. Es kommt darauf an, diese innere Melodie zu entdecken. Voraussetzungen sind Stille und das achtsame Hinhören darauf, was in der Stille in uns auftaucht.

Die Stille ist voller Klänge. Am Anfang konfrontiert uns die Stille mit dem inneren Lärm. Doch wenn wir sie aushalten und weiter in sie hineinhorchen, werden wir leise Töne hören, Töne, in denen unser Innerstes erklingt. So wie der Kosmos nach der Lehre der Pythagoreer voller Klang ist, so ist es offensichtlich auch unsere Seele. In unserer Seele erklingt der oft unhörbare Klang des Kosmos, der göttliche Klang einer Welt, die uns oft nicht zugänglich ist. Die Stille ist die Türe, die unser inneres Ohr aufschließt, damit es diesen wunderbaren Klang unserer Seele zu hören vermag.

Anschwellende Freude

Der französische Dichter André Gide schreibt einmal: „Zuzeiten wurde meine Freude so groß, dass
ich etwas von ihr mitteilen wollte – irgendeinen
lehren, was sie in mir so lebendig machte."

Es gibt eine stille Freude, die man lieber für sich
behalten möchte. Sie erfüllt das Herz mit Heiterkeit und innerem Frieden. Man strahlt sie aus, aber
man kann nicht über sie sprechen. Sie ist einfach
da. Aber es gibt auch Freuden, die einfach zur
Mitteilung drängen, die das Herz zum Überlaufen
bringen. Es muss nicht eine laute Freude sein über
einen Erfolg oder eine Liebe, die einem geschenkt
wurde. In manchen Augenblicken wird die Freu-

de in uns so groß, dass wir sie nicht mehr für uns behalten können. Die stille Freude kann dann so anschwellen, dass wir sie einem andern mitteilen müssen.

André Gide genügt es nicht, seine Freude nur mitzuteilen. Es drängt ihn dazu, einem anderen zu erklären, warum seine Freude in ihm so stark ist. Er will andere aufklären darüber, was die Freude in ihm so lebendig macht. Das ist ein schönes Motiv für das Schreiben: die eigene Erfahrung, die eigene Lebendigkeit, die eigene Lebenslust anderen mitzuteilen, aber nicht um in den anderen Neid zu erwecken, sondern um ihnen zu erklären, wie die Freude erfüllen und zum Leben führen kann. Schreiben ist ein Aufklären, damit sich das Dunkle im Menschen erhellt und das Traurige zur Freude wird.

Schöner Götterfunke

In seiner Neunten Symphonie hat Beethoven Schillers „Ode an die Freude" vertont. Es ist ein Menschheitsgesang geworden, der häufig in Augenblicken großer Freude und Dankbarkeit erklingt. Melodie und Text sind eine Einheit und berühren die Menschen immer wieder. Friedrich Schiller nennt die Freude einen schönen Götterfunken und Tochter aus Elysium. Sie ist ein Funke, den die Götter in unser Herz gelegt haben, und sie stammt aus dem Land der Seligen. Schiller besingt sie als sanften Flügel, der die Menschen miteinander verbindet. Sie ist die große Bewegerin. Sie treibt die Räder an, lockt die Blumen aus den Keimen, gibt dem Forscher neue Ideen ein. Und sie fördert in uns die Tugend – als Bedingung, dass unser Menschsein gelingt. Beethovens Musik lässt selbst in den Herzen der Menschen die Freude wachsen: Freude, der große Antrieb zu erfülltem und beglücktem Leben.

Unsäglich mehr

Rainer Maria Rilke stellt die Freude weit über das Glück. „Glück bricht über die Menschen herein, Glück ist Schicksal, Freude bringen sie in sich zum Blühen, Freude ist einfach eine gute Jahreszeit über dem Herzen; Freude ist das Äußerste, was die Menschen in ihrer Macht haben." Das Glück – so meint Rilke – kann man nicht machen. Man kann es nur dankbar entgegennehmen.

Für die Freude sind wir selbst verantwortlich. Es liegt an uns, wie wir auf unser Schicksal reagieren, wie wir auf die Schönheit der Welt und auf die Menschen reagieren, denen wir täglich begegnen. Ich kann mir die Freude nicht einfach befehlen. Aber wenn ich mich offen auf das einlasse, was ist, und wenn ich es mit einem staunenden und ehrfürchtigen Blick wahrnehme, dann wird in mir die Freude wachsen. Ich kann mich also einüben in die Freude. Ich kann sie wachsen lassen, wenn ich sie durch ein achtsames Umgehen mit den Dingen nähre.

Voll Wonne, voll Wonne

Der indische Dichter und Philosoph Rabindranath Tagore spricht in einem seiner Gedichte von den Festen, die die Freude feiert:

> Wo die Freude ihre Feste feiert, sitz ich zu Tisch.
> Voll Wonne, voll Wonne ist das Leben.
> Die Stadt der Schönheit durchwandern
> meine Augen,
> satt sich schauend,
> versunken meine Ohren lauschen
> der tiefen Melodie.

Dort, wo die Freude feiert, setzt der Dichter sich gerne zu Tisch. Die Freude kann man nicht im Vorübergehen mitnehmen. Sie braucht Zeit. Ich muss mich niederlassen, um die Freude zu genießen. Am Tisch der Freude zu sitzen öffnet mir die Augen, dass ich überall die Wonne des Lebens entdecke. Die Freude lässt mich mit meinen Augen die Schönheit erkennen, die mich jederzeit umgibt. Wenn ich die Stadt der Schönheit mit meinen Augen durchwandere, dann werde ich satt.

Auch Tagore verwendet also das Bild der Nahrung: Freude nährt die Seele, durch alle Sinne. Das Schauen vermag mehr zu sättigen als das Essen. Wer vom Schauen satt geworden ist, der muss nicht immer von Neuem schauen. Er nimmt das Geschaute in sich auf. Es bleibt dauernde Nahrung für ihn.

Freude ist dort, wo die Augen die Schönheit der Welt schauen und die Ohren versunken der tiefen Melodie lauschen. Das Hören vermag in mir Glücksgefühle auszulösen. Aber Hören ist immer im Augenblick. Ich höre immer nur den gegenwärtigen Ton. Ich kann mir die Melodie nochmals vorsummen. Aber ich kann sie nicht festhalten. Wenn sie in mir aufklingt, dann erhebt sie das Herz, dann versinke ich im Gefühl der Freude. Hören führt über mich hinaus. Hören ist immer Ekstase: aus sich herausgehen, um das Wunder der Musik in mich aufzunehmen und mich von der Musik über mich hinausführen zu lassen in das Geheimnis des Unhörbaren, in das Geheimnis Gottes.

Vom Leben verzückt

Rabindranath Tagore schreibt nicht nur vom Glück und von der Lust. Er hat sie offensichtlich erfahren. Seine Worte sind auch nicht nur Ausdruck seiner eigenen Erfahrung, sie laden uns auch ein, den Erfahrungen zu trauen, die wir selber auch schon einmal gemacht, für die wir aber keine Worte gefunden haben. Wenn wir für ein Erlebnis keine Worte finden, dann entschwindet es uns wieder. Worte lassen das Erlebte wirklicher werden.

Die Erfahrung, die Tagore gemacht hat, beschreibt er mit Erwachen. Er drückt etwas aus, was uns alle betrifft: Wir schlafen oft und merken gar nicht, was um uns herum ist. Wir nehmen die Schönheit nicht wahr. Wir nehmen das Glück nicht wahr, das zum Greifen nahe ist. Wir suchen es anderswo, in unseren Träumen, in Illusionen, die wir uns machen. Die Voraussetzung, Lust zu erfahren, ist das Aufwachen. Nur wer die Augen aufmacht, kann überhaupt wahrnehmen, was ist. Wer erwacht, ist wie Tagore, der erlebt, dass er bisher wie in einem Kerker gelebt hat.

Tagore bittet in einem seiner schönsten Gedichte, das auch ein Gebet ist, Gott darum, den Kerker aufzubrechen, damit er die Vögel singen hört und den Strahl der Sonne am Leib zu spüren vermag:

So groß ist mein Glück, so tief die Lust,
verzückt vom Leben bin ich.
Mein Leben ist heute erwacht,
ich weiß nicht warum.
Von fern hör ich des Meeres Lieder raunen.
Ach, dumpf und schrecklich
ist mein Körper rundherum.
Brich den Kerker, brich ihn Schlag um Schlag.
Wie herrlich singen heut die Vögel.
Ein Strahl der Sonne rührt mich an.

Freude tut dem Körper gut

„Ein fröhlich Herz tut auch dem Körper gut, den Leib dörrt aus ein kummervoll Gemüt" (Sprüche 17,22). In jedem Sprichwort drückt sich in kurzer und prägnanter Weise eine Lebensweisheit aus. Die meisten Sprichwörter im biblischen Buch der Sprüche – und so auch dieses – handeln vom Menschen. Sie zeigen, wie menschliches Leben gelingt. Auch die Gottesbeziehung drückt sich in Haltungen aus, die der Psyche des Menschen entsprechen. Der religiöse Weg ist für die Bibel immer auch ein therapeutischer Weg, ein Weg zu gelingendem Leben, ein Weg in die Freude und in die Liebe.

Die Gefühle wirken sich auf den Leib aus. Die Freude tut dem Körper gut. Und wer dem Kummer in seinem Herzen zu viel Raum gibt, der schadet seinem Leib. Ein bedrücktes Gemüt zehrt den Körper aus. Es „lässt die Glieder verdorren", wie es in der Einheitsübersetzung heißt. Wir sehen es einem Menschen an, ob sein Herz fröhlich ist oder gedrückt und sorgenvoll. Aber es geht nicht nur um die Ausstrahlung nach außen, sondern auch um die Wirkung nach innen. Wer sich von Gram verzehren lässt, der hat keinen Appetit. Er kann sich nicht mehr sattessen. Man kann sich den Ärger mit Essen zustopfen. Doch es gibt auch viele Menschen, die vor lauter Kummer abmagern. Ihr Leib drückt den Kummer aus. Solche Menschen strahlen etwas aus, das andere von ihnen abhält. Der fröhliche Mensch hat immer andere um sich, der bedrückte bleibt allein.

Es gibt zielgerichtete Bewegungen, die die direkte und schnelle Verbindung zwischen zwei Punkten suchen. Es gibt Abweichungen vom schnellen Weg zum Ziel – Umwege, die sich aber ebenfalls von ihrem Ziel her bestimmen. Und es gibt Bewegungen, die mit solchen Wertungen oder Kategorien einfach nicht zu beschreiben sind. Der Tanz zum Beispiel.

„Schließlich tanzen wir ja nicht, um irgendwo hinzukommen." Das hat der österreichische Benediktiner David Steindl-Rast einmal gesagt. Im Tanzen genießen wir unsere gemeinsame Bewegung. Wir haben nicht den Ehrgeiz, die Tanzschritte perfekt zu machen. Wir vergessen die Leute, die um uns herum sind. Allerdings ist es durchaus eine Kunst, zu tanzen und sich auf den Rhythmus der Tanzpartnerin oder des Partners einzulassen. Aber das geht nicht durch Kontrolle, sondern nur durch ein Sich-Loslassen und Sich-Einlassen.

Manche Ehepaare tanzen leidenschaftlich gerne. Dabei können sie sich vergessen. Die beruflichen und familiären Probleme fallen von ihnen ab. Sie gehen im Tanzen auf. Aber sie tanzen nicht, um ein Ziel zu erreichen, weder die Lösung ihrer Probleme, noch tänzerische Perfektion. Und sie zählen nicht die Schritte, die sie machen, damit ihr Bewegungspensum für heute erfüllt ist. Sie tanzen, um zu tanzen. Sie empfinden Lust, wenn sie sich miteinander zur Musik den Bewegungen überlassen. Die Lust führt sie auf neue Weise zusammen und hebt ihre Stimmung. Sie wissen, dass es ihnen gut tut. Aber sie beobachten sich nicht, ab wann sich ihre innere Stimmung hebt. Nach einem solchen Tanzabend gehen sie zufrieden und innerlich glücklich nach Hause. Und auf einmal gelingt auch das Gespräch miteinander, das vorher nur zögernd in Gang gekommen ist.

Ganz in der Gegenwart

„Freude ist ungeteiltes Sein im Augenblick. Wir freuen uns immer hier und jetzt. Selbst wenn wir Vorfreude haben, empfinden wir sie jetzt und wir erinnern uns jetzt an vergangene Freuden." Margrit Irgang, von der diese Beschreibung stammt, ist Zenlehrerin und Schriftstellerin. Sie hat ein „Buch der Freude" herausgegeben. Die Texte darin spüren dieser positiven Emotion nach. Damit hat sie auf ein Thema aufmerksam gemacht, das bei vielen Dichtern auch in unserer Zeit eine große Rolle spielt.

Die Freude kann uns ganz in den Augenblick versetzen. Wenn ich mich freue, bin ich ganz präsent. Das Denken kreist immer um die Vergangenheit oder Zukunft. Die Freude spüre ich in der Gegenwart und sie macht mich selber gegenwärtig. In der Freude komme ich mit mir selbst in Berührung. Im Denken bin ich immer von mir selbst entfernt. Die Freude bringt mich in die Nähe zu mir selbst und in die Nähe zum gegenwärtigen Augenblick.

Die Freude ist eine Schwester der Lust. Auch die Lust empfinde ich im Jetzt. Über vergangene oder zukünftige Dinge kann ich keine Lust spüren, höchstens wenn das Vergangene oder Künftige jetzt in meiner Vorstellung gegenwärtig wird. Die Freude schafft Gegenwart. Und umgekehrt bewirkt die Fähigkeit, ganz im Augenblick zu sein, Freude. Freude ist Ausdruck des reinen Seins, der klaren Gegenwart.

Vom Singen der Welt

„Wenn ich das Gefühl einfangen könnte, würde ich es tun: das Gefühl vom Singen der wirklichen Welt." An einem Oktobertag 1929 notierte Virginia Woolf dies in ihrem Tagebuch: Es war offensichtlich eine Erfahrung, die sie tief bewegt hat: Die Welt sang nicht nur. Sie war Singen. Sie war ganz Klang.

Es bedarf einer großen Stille, um das Singen der Welt zu vernehmen. Es ist nicht nur der Wind, der bläst und die Felder und Wälder zum Rauschen bringt. Es ist nicht nur das, was ich mit meinen Ohren zu hören vermag. Auch die schweigende Natur scheint ein Lied zu sein. Sie singt von der Schönheit der Welt.

Aber Virginia Woolf erkennt zugleich, dass sie das Gefühl vom Singen der Welt nicht einfangen und nicht festhalten kann. Es sind kostbare Augenblicke, in denen wir etwas vom Lied erahnen, das die Welt ist.

Das Lied in allen Dingen

Der romantische Dichter Joseph Freiherr von Eichendorff hat die Erfahrung gemacht: „Die ganze Welt hebt an zu singen, triffst du nur das Zauberwort …"

Für Eichendorff ist es ein Wort, das die Welt zum Klingen bringt, nicht nur ein inneres Ahnen. Der griechische Philosoph Pythagoras und seine Schule sprachen vom Sphärenklang der Welt. Auch für sie war die Welt ein Lied voller Harmonie. Der Mensch, der sich schweigend dem Geheimnis der Welt nähert, vermag in Augenblicken besonderer Gnade dieses Lied der Welt zu vernehmen. Wenn er es vernimmt, dann erfüllt es ihn mit einer nie erlebten Freude, mit einem inneren Frieden, mit einer Lust, die ihm auch das Verstummen der Welt nicht mehr zu rauben vermag.

Improvisationen der Freude

Yehudi Menuhin, der große Geiger, hat mit seinem Spiel unzählige Menschen erfreut und die Musik als eine wichtige Quelle der Freude vielen Menschen nahe gebracht. Woher rührt diese Freude? Ich kann es selbst nicht genau erklären. Für mich ist es der Wohlklang der Bachschen Musik, die innere Zustimmung zum Leben selbst, die in der temperamentvollen Musik eines Mozart aufklingt. Yehudi Menuhin sagt: Es ist das Unvorhersagbare, das Überraschende, das Improvisierte: „Die Freude liegt natürlich im Improvisierten und Unvorhersagbaren. Ohne dies würde uns nichts interessieren – weder im Leben noch in der Musik." Das stimmt: Ich selber höre mich nie satt an einer Musik, weil sie immer anders klingt, weil sie letztlich immer unvorhersagbar ist, auch wenn die Noten schon seit Jahrhunderten feststehen.

Freude ist überraschend: Wer sein Leben genau plant, sodass alles so abläuft, wie er sich das täglich vornimmt, der mag darin eine gewisse Befriedigung finden. Doch die Freude entsteht eigentlich gerade dann, wenn etwas Unvorhersagbares eintrifft, wenn mich ein Freund nach langer Pause wieder anruft, wenn die Sonne auf einmal durch den Nebel dringt, wenn sich ein Problem von selbst löst, wenn eine gute Nachricht eintrifft. Freude und Überraschung sind Geschwister. Wenn ich kreativ reagiere auf das, was mich ungeplant durchkreuzt, habe ich das Gefühl: Es ist gut so. Ich lasse alles liegen und stehen und gehe mit dem Freund spazieren, der gerade vorbeikommt.

Manche tun sich schwer, ihre Planungen durchkreuzen zu lassen. Wenn ich von Terminen belegt bin, dann fällt es mir auch schwer, mich über einen nicht angekündigten Besuch zu freuen. Denn ich kann mir dann kaum Zeit nehmen. Doch wenn ich mehr Kraft darauf verwende, dem Besuch zu erklären, dass ich keine Zeit habe, und wenn ich mich nicht auf den kurzen Augenblick der Begegnung, und sei er noch so kurz, einlassen kann, dann nehme ich mir selbst die Freude.

Für mich ist Zeitdisziplin sehr wichtig. Da tue ich mich manchmal schwer mit Unvorhersehbarem. Aber ich weiß auch, dass die Disziplin allein nicht die Freude machen kann. Ich nehme mir die Zeit zum Schreiben. Und es braucht Disziplin, sitzen zu bleiben, auch wenn es nicht sofort fließt. Aber Freude kommt mitten in dieser zum Schreiben reservierten Zeit nur dann auf, wenn es auf einmal strömt, wenn Worte mir von der Hand gehen, die ich nicht geplant habe, die unvorhersehbar und unvorhersagbar sind.

Überraschend

Für manche ist die Freude weit weg von ihrer Wahrnehmung. Sie sehnen sich nach Freude. Aber sie wissen nicht, wie sie sie finden könnten. Ich höre in Gesprächen öfter, wie sich Menschen darüber beklagen, dass sie so wenig Freude im Leben erfahren können. Aber je krampfhafter einer nach der Freude sucht, desto weniger findet er sie. Manchmal überrascht uns die Freude, sie greift nach uns, ohne dass wir etwas dazu tun können. Es kommt nur darauf an, dass wir nach uns greifen lassen, dass wir offen sind für die göttliche Überraschung. William Wordsworth drückt diese Erfahrung aus mit den Worten: „Surprised by joy. Überrascht von der Freude." Die Vorstellung, die hinter seinem Wort steckt, ist die der Freude als einer Person, die nach mir greift.

Freude ist wie eine Person, die mir begegnet. Sie geht durch die Stadt, um mich zu suchen. Was ich tun kann, ist nur: offen zu sein für sie, die mich überraschen möchte. Aber wenn ich unfähig bin, mich überraschen zu lassen, wenn ich gar nicht damit rechne, dass die Freude nach mir verlangt, dann kann sie noch so sehr nach mir greifen. Sie wird an meinem glatten Mantel abrutschen, den ich wie einen Panzer der Hartnäckigkeit umgelegt habe, einen Panzer, der sich durch nichts Neues und Unvorhergesehenes, auch wenn es noch so fröhlich und glücklich auf mich zukommt, überraschen lässt.

Vollkommene Freude

Der indische Philosoph Sri Aurobindo hat einmal gesagt: „Lerne die wahre Freude und du wirst Gott kennenlernen."

Mich erinnert das an ein Wort Jesu im Johannesevangelium: „Dies habe ich euch gesagt, damit meine Freude in euch ist und damit eure Freude vollkommen wird" (Johannes 15,11). Jesu Grundgefühl ist die Freude, die Freude am Sein, die Freude an Gott. Er ist eins mit dem Vater. Freude ist die emotionale Reaktion auf die Erfahrung des Einsseins mit dem Vater. Wenn Jesus spricht, dann spüren die Jünger diese Freude. Sie nehmen die Freude nicht nur am Inhalt seiner Worte wahr, sondern vor allem an seiner Stimme.

In der Stimme hören wir das Gestimmtsein eines Menschen, wir bekommen Anteil an seiner Stimmung. Bei manchen Menschen wird man traurig, wenn man ihnen zuhört. Andere verbreiten mit ihrer Stimme Aggressivität oder Unzufriedenheit, Enttäuschung oder Bitterkeit. Jesu Stimme strömt Freude aus. Im Sprechen gibt er uns Anteil an seiner Freude. Und er wünscht uns, dass unsere

Freude vollkommen wird. Im Griechischen steht: „dass sie voll werde, erfüllt werde, dass sie in ihre Fülle komme." Jesus geht davon aus, dass auf dem Grund unseres Herzens schon die Freude wohnt. Durch seine Worte kommen wir mit der Freude in Berührung, die schon in uns ist. Und seine Worte möchten unsere Freude zu ihrer Fülle führen. Seine Worte möchten das, was in unserer Freude anklingt, zur Vollendung bringen. Unsere Freude soll teilhaben an der Fülle Gottes, am Wesen Gottes. Wer die Freude bis auf ihren Grund auskostet, der berührt Gott.

Auf dem Grund meines Herzens

„‚Freude an der Sache', so sagt man; aber in Wirklichkeit ist es Freude an sich vermittelst einer Sache."

Für Friedrich Nietzsche meint die Redewendung „Freude an der Sache" nie nur, dass ich mich an der Arbeit freue oder an einem Geschenk oder an etwas Äußerem, etwa am schönen Wetter. Die Freude ist letztlich immer eine Qualität der eigenen Seele. Und eine Sache bringt mich nur in Berührung mit der Freude, die in mir ist. Letztlich ist es also immer Freude an sich selbst. Die Freude an mir selbst gehört mir. Sie kann mir daher auch niemand rauben. Sie ist nicht abhängig von der Zuwendung der Menschen, etwa von den Geschenken, die ich bekomme. Die Dinge können die Freude, die in mir ist, hervorlocken. Sie können mich in Berührung bringen mit der Freude auf dem Grund meines Herzens. Freude ist ein inneres Gestimmtsein.

Das ist die eine Seite der Aussage Nietzsches. Die andere Seite besteht darin, dass es auch meine Entscheidung ist, mich an mir zu freuen. Es ist meine Sache, ob ich über mich wütend bin, mich innerlich ablehne oder ob ich mich über mich freue. Die Freude über mich heißt nicht, dass ich alles gutheiße, was ich tue. Es gibt auch die berechtigte Trauer über mein Zurückbleiben hinter dem, was Menschsein eigentlich heißt. Aber die Freude über mich ist ein dankbares Anerkennen, dass Gott mich geschaffen hat und dass er mich gut gemacht hat. Es ist die Freude am Dasein, das er mir geschenkt hat. Und dafür muss ich mich auch entscheiden. Sonst können tausend Geschenke die Freude in mir nicht hervorlocken. Und ich kann noch so viele Dinge wahrnehmen. Sie werden immer nur meine Unzufriedenheit oder Bitterkeit bestätigen, mich aber nie mit der Freude in Berührung bringen, die auf dem Grund meines Herzens bereitliegt.

Ein Geschenk, das bleibt

„Ich habe mich so gefreut! Sagst du vorwurfsvoll,
wenn dir eine Hoffnung zerstört wurde. Du hast
dich gefreut – ist das nichts?"
(Marie von Ebner-Eschenbach)

Manche sind enttäuscht, wenn ihre Vorfreude sich
nicht erfüllt. Da hat jemand voll Freude darauf gewartet, dass ein Freund zu Besuch kommt. Dann
klingelt das Telefon und er sagt ab, weil ihm etwas dazwischen gekommen ist. Der Vorwurf „Ich
habe mich doch so gefreut" zerstört oft alles: Freude schlägt um in Trauer, Selbstmitleid, manchmal
auch in Wut. Man ist untröstlich, dass man sich
umsonst gefreut hat. Marie von Ebner-Eschenbach
fragt: „Du hast dich gefreut – ist das nichts?"

Wenn ich mich gefreut habe, dann war ich in
Berührung mit der Freude, die in mir ist. Dann hat
die Freude mich schon verändert. Sie ist schon ein
Geschenk. Es liegt an mir, ob ich diese erfahrene
Freude in mir weiterhin spüre und dafür dankbar
sein kann.

Freude geht auf leisen Sohlen

Hilde Domin arbeitet in ihren Gedichten mit eigenartigen Bildern und lässt uns gerade so die Wirklichkeit neu sehen. So auch in ihrem Gedicht über die Freude:

Die Freude
Dieses bescheidenste Tier
Dies sanfte Einhorn
So leise
Man hört es nicht
Wenn es kommt, wenn es geht
Mein Haustier
Freude
Wenn es Durst hat
Leckt es die Tränen
Von den Träumen.

Domin nennt die Freude ein bescheidenes Tier, ein sanftes Einhorn. Das Einhorn ist in der christlichen Symbolik Bild der Stärke und Reinheit. Es kann nur durch eine reine Jungfrau gefangen und gezähmt werden. Wenn es gejagt wird, flüchtet es sich in deren Schoß. Maria wird daher oft mit dem Einhorn dargestellt.

Die Freude darf nicht vermischt werden mit Nebenabsichten. Wenn wir sie jagen und gefangen nehmen wollen, dann flieht sie in den „reinen Schoß der Jungfrau". Dann verbirgt sie sich auf dem Grund unserer Seele, dort, wo unsere eigenen Erwartungen und unser Besitzstreben keinen Zutritt haben.

Das zweite Bild für die Freude, das Hilde Domin verwendet, ist das leise Haustier, das man gar nicht hört, wenn es kommt oder geht. Die Freude geht auf leisen Sohlen. Man merkt sie kaum, wenn sie in unser Herz eintritt. Aber sie haust dort, wenn wir sie nicht gewaltsam vertreiben. Wenn die Freude Durst hat, leckt sie die Tränen von unseren Träumen. Sie wischt uns die Tränen vom Gesicht, damit sie unsere Träume nicht mehr verstellen. Die Freude bringt uns in Berührung mit den Träumen. Sie lässt die Träume wahr werden.

Alles ist zum Glück geboren

„Eine allgegenwärtige Freude umflutet die Erde, sie entströmt ihr, auf den Anruf der Sinne ... Alles strebt zum Sein und jedes Geschöpf freut sich. Freude ist es, was du Frucht nennst, wenn sie im Saft steht und wenn sie Gesang ist, Vogel. Dass der Mensch zum Glück geboren ist, lehrt uns die ganze Natur." Der französische Dichter André Gide ist von der universalen Kraft der Freude überzeugt. Sobald wir selber die Erde mit unseren Sinnen wahrnehmen, strömt uns aus ihr die Freude entgegen.

Freude ist Kennzeichen jedes Geschöpfes. Sie gehört zum Wesen des Geschöpfes. Die Frucht, die in Blüte steht, ist Freude. Und der Gesang des Vogels ist Freude. Die Freude der Schöpfung drückt sich aus in den Geschöpfen selbst. Freude erfüllt uns mit Lebendigkeit, so wie eine Frucht uns mit Leben beschenkt. Und Freude atmet die Leichtigkeit des Vogels. Wie die Musik schwingt sie sich über die Erdenschwere hinweg und erhebt sich wie der Vogel in die Lüfte.

Für André Gide ist der Mensch zum Glück geboren. Wenn wir die Natur mit wachen Sinnen wahrnehmen, erkennen wir unser Wesen, das von innen her diesem Glück entgegenstrebt. Die Freude ist wie eine Essenz, die die ganze Erde durchdringt.

Kindheitslust

„Sage das nur, ob dein Herz
noch der Kindheit Lust empfinde."
(Ludwig Uhland)

Kinder vermögen noch Lust zu empfinden. Sie geben sich lustvoll dem Spielen hin. Wenn sie etwas geschenkt bekommen, können sie sich von Herzen freuen und ihrer Freude hüpfend mit ihrem ganzen Körper Ausdruck verleihen. Viele Erwachsenen haben den Eindruck, dass sie sich nicht mehr zu freuen vermögen. Zu oft sind sie enttäuscht worden. Eine Form der Therapie bestünde darin, sich an die Lust der Kindheit zu erinnern. Ich kann die Lust zwar nicht wieder in mir hervorrufen. Doch allein die Erinnerung schon kann mich mit ihr in Berührung bringen. Und wenn ich sie in meinem Herzen wieder entdeckt habe, dann werde ich auch fähig, mich wieder über die kleinen Dinge des Alltags zu freuen. Dann bekomme ich wieder Lust, einfach zu spielen, etwas zu tun, was keinen Nutzen bringen muss, womit ich keine Erwartung von außen zu erfüllen habe.

Wenn ich in mein Herz hineinspüre und die Lust der Kindheit nicht mehr darin entdecken kann, dann ist es an der Zeit, mich mit den Widerständen zu befassen, die mich daran hindern, mit meiner eigenen Seele in Berührung zu kommen. Vielleicht sind es traumatische Verletzungen, vielleicht Enttäuschungen. Ich muss all diese Widerstände anschauen, um durch die Wunden und Verhärtungen hindurch in den Grund meiner Seele zu gelangen, in dem die Freude bereitliegt und darauf wartet, wieder entdeckt und belebt zu werden.

Freudenbiografie

Die Schweizer Tiefenpsychologin Verena Kast hat ein Buch über die Freude geschrieben. Vor ihr hat sich kaum ein Psychologe einmal an dieses Thema gewagt. In psychologischen Nachschlagewerken findet man kaum einmal das Stichwort Freude. Offensichtlich hat die Psychologie sich einseitig den Verletzungen und deren Aufarbeitung zugewandt. Doch heute wissen wir, wie heilsam die Freude für den Menschen ist, welche therapeutische Kraft sie hat.

Verena Kast beschreibt die Wirkung der Freude als Erfahrung von Einssein und Ganzsein, von Freiheit und Vitalität: „Das Gefühl des Einsseins mit sich selbst und das Gefühl des Ganzseins, das so sehr von uns Menschen gesucht wird, ist im Moment der Freude vorhanden. Das gibt uns auch ein Gefühl von Vitalität, vielleicht sogar von Freiheit. Alle Bewegungen, die mit der Freude verbunden sind, sogar mit einer stillen Freude, sind Bewegungen in die Höhe, Bewegungen der Leichtigkeit."

Es hilft nicht, einander zur Freude aufzurufen. Ich kann mich nicht „auf Befehl" freuen. Aber ich habe es in der Hand, mit der Freude in Berührung zu kommen, die immer schon auf dem Grund meines Herzens in mir bereitliegt. Jeder kennt in seiner Kindheit Erfahrungen spontaner Freude. Verena Kast regt an, eine Freudenbiografie zu schreiben, all die Erfahrungen von Freude festzuhalten, die einem einfallen, und die Bilder aus der Kindheit daraufhin anzuschauen, inwieweit sie Freude widerspiegeln. Das Wahrnehmen der Freude, die ich als Kind hatte, kann mich in Berührung bringen mit der Freude, die unter den gegenwärtigen Sorgen verloren gegangen ist. Sie wartet auf dem Grund meiner Seele nur darauf, wieder hervorgelockt zu werden.

Der Himmel ist in dir

Die Kunst, glücklich zu sein

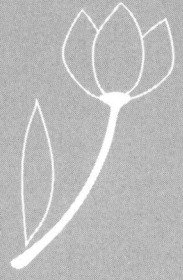

Unmöglich anderswo

„Es ist nicht einfach, das Glück in uns selbst zu finden. Und es ist unmöglich, es anderswo zu finden."
Das eigene Herz, sagt Agnes Repplier, ist der einzige Ort, an dem wir das Glück zu finden vermögen. Wir können noch so weit fahren, um das Glück zu suchen. In der Fremde werden wir es nicht finden. Wir werden es nicht bei anderen Menschen finden, nicht im Beruf, nicht im Erfolg, nicht im Reichtum. Es ist nur in uns.

Doch obwohl es dort verborgen ist, lässt es sich nicht so leicht finden. Es braucht ein feines Gespür, um es wahrzunehmen. Wir brauchen die Stille, um in Berührung zu kommen mit dem Glück, das auf dem Grund unseres Herzens in uns ruht. Wenn wir immer nur in Bewegung sind, werden wir es in uns nicht spüren. Es ist wie ein See. Nur wenn er ganz ruhig ist, spiegelt sich in ihm die Schönheit der Welt. Nur wenn wir still stehen, spiegelt sich in uns die Herrlichkeit, die uns umgibt. Dann spüren wir die Freude, die in uns liegt.

Königsweg zum Glück

Manche haben so hohe Erwartungen an das Glück, dass sie es nie erreichen. Theodor Fontane zeigt einen anderen Weg zum Glück: „Wenn einem die 720 Minuten eines zwölfstündigen Tages ohne besonderen Ärger vergehen, so lässt sich von einem glücklichen Tag sprechen." Es ist schon viel, wenn der Tag ohne Ärger vorübergeht. Wir haben es nicht in der Hand, was uns in den 720 Minuten des Tages begegnet, ob uns ein Nachbar beschimpft, ob in der Arbeit etwas schiefläuft, ob uns das Wetter einen Strich durch die Rechnung macht oder uns sonst ein Missgeschick widerfährt. Wir sollten dankbar sein, wenn der Tag keinen Anlass zum Ärger bietet.

Aber wir sind dem Tag und seinen Widerfahrnissen nicht einfach ausgeliefert. Es liegt auch an uns, wie wir auf das Geschehen des Tages reagieren. Wir können uns ärgern über die Schimpfworte des Nachbarn. Oder wir können sie bei ihm selber lassen, weil er mit seinem Schimpfen nur seine unzufriedene Seele offenbart. Ob wir uns von seiner kranken Seele anstecken lassen oder aber uns abgrenzen und schützen, das ist in unserer Hand. Insofern sind wir für den Tag ohne Ärger selber verantwortlich. Es ist ein glücklicher Tag, wenn es uns gelingt, auf das, was uns von außen widerfährt, nicht ärgerlich oder depressiv zu reagieren, sondern mit innerer Heiterkeit.

Die stoische Philosophie spricht von „aequo animo", vom inneren Gleichmut. Der Heilige Benedikt fordert diese Tugend gerade vom Cellerar, der ja als Verwalter ständig mit den Konflikten im Kloster zu tun hat. Gerade er soll sich nicht von den Reibereien der Mitbrüder und Mitarbeiter infizieren lassen, sondern mit Gleichmut und innerem Frieden reagieren. Dann wird er auch die ärgerliche Atmosphäre um sich herum läutern und Frieden verbreiten. Eine erprobte alte Regel. Wir alle könnten von ihr lernen. Heute ist der richtige Tag, um sie anzuwenden.

Ein Geschenk

„Wenn man alles Glück der Welt besitzt, es aber nicht als Geschenk betrachtet, dann wird es einem keine Freude schenken. Doch selbst ein Missgeschick wird denen Freude schenken, denen es gelingt, dafür dankbar zu sein." Der österreichische Benediktiner David Steindl-Rast, von dem diese Einsicht stammt, weiß aus eigener Erfahrung, was Glück ist. Und er begegnet vielen Menschen, die ihn um sein Glück beneiden. Er kann es nicht jedem mitteilen. Denn viele wollen das Glück besitzen, als ob sie ein Anrecht darauf hätten. Aber sie vergessen, dass man Glück immer nur als Geschenk entgegennehmen kann. Nur wenn ich es mir schenken lasse, wird es mich mit Freude erfüllen. Sonst kann ich noch so viele wertvolle Menschen kennen – und werde mich über ihre Nähe nicht freuen können. Ich kann noch so viele Güter besitzen. Sie werden mich nicht glücklich machen.

David Steindl-Rast sieht in der Dankbarkeit den Schlüssel zur wahren Freude. Wer selbst dankbar sein kann, wenn ihm etwas gegen den Strich geht, den vermag auch das Missgeschick nicht aus seiner inneren Freude zu vertreiben. Die Dankbarkeit wird ihn lehren, dass selbst das, was seine Pläne durchkreuzt, manchmal neue Türen aufschließen kann, die weite Räume und ungeahnt herrliche Wege eröffnen.

Die Dankbarkeit schützt mich davor, alles, was mich einmal erfreut hat, festzuhalten. Die Dankbarkeit klammert sich an nichts. Sie ist eine Grundhaltung, die durch alles, was geschieht, genährt werden kann. Es ist immer der Augenblick, in dem ich dankbar bin, dankbar für das, was mir gerade jetzt widerfährt, was mich in Bewegung bringt, was mich herausfordert, was mich beglückt.

Schlüssel zur Glückseligkeit

„Lerne loszulassen! Das ist der Schlüssel zur Glückseligkeit", lehrt eine Weisheit, die Jahrtausende alt ist und auf Buddha selber verweist. Für ihn ist das Anhaften an die Welt die Ursache allen Leides. Daher rät er seinen Schülern, sich innerlich von der Welt zu distanzieren. Nur so könnten sie den Weg zum inneren Frieden finden. Jesus weist uns in die gleiche Kunst ein, wenn er sagt: „Wer an seinem Leben hängt, verliert es; wer aber sein Leben in dieser Welt gering achtet, wird es bewahren bis ins ewige Leben" (Johannes 12,25). Wer sich festklammert an seinem Besitz, an seiner Gesundheit, an seinem Ruf, an allem, was er glaubt zum Leben unbedingt nötig zu haben, der verliert Leben. Wer zu sehr nach den Dingen greift, den haben sie im Griff. Wer loslässt, befreit sich vom einengenden Zugriff der Welt. Er kann das, was sie anbietet, genießen. Weil er es nicht braucht, ist er frei, in der Welt das Schöne wahrzunehmen und zu schmecken.

Die besondere Kunst

„Die Welt ist voll von kleinen Freuden – die Kunst besteht nur darin, sie zu sehen." Dieses chinesische Sprichwort verweist uns auf etwas, wovon die Welt voll ist. Es ist die Freude, dass die Sonne aufgeht und über die Felder scheint. Es ist die Freude, dass die Familie sich gesund beim Frühstück trifft, dass einer den andern stützt und zu ihm hält. Es ist die Freude, dass uns die Arbeitskollegin freundlich grüßt, dass ein anderer bei der Arbeit für uns einspringt, dass wir abends müde, aber mit einem guten Gefühl nach Hause kommen und uns auf den Feierabend freuen.

Richtig zu sehen ist die Kunst, hinter die Dinge zu sehen oder in den Dingen die Freude zu schauen. Die Kunst, glücklich zu sein, kann man lernen und einüben. Und man kann sofort damit anfangen.

Was am meisten zählt

„Es sind nicht die großen Freuden, die am meisten zählen; es ist die Fähigkeit, aus kleinen Freuden große zu machen."
(Jean Webster)

Die großen Freuden sind selten. In manchen Augenblicken scheint alles zu gelingen, die Wünsche werden mehr als erfüllt. Das sind Augenblicke großer Freude, die wir nur dankbar entgegennehmen können. Doch die Kunst des Lebens besteht nach Webster in der Fähigkeit, „aus kleinen Freuden große zu machen". Kleine Freuden gibt es täglich: die Freude über den frischen Morgen, über die Sonne, die aufgeht, über den blauen Himmel, die Freude an meiner Gesundheit, die Vorfreude auf die Begegnungen, die mich heute erwarten. Und es gibt die Freuden zwischendurch, die Freude über ein Lächeln der Verkäuferin, über die Freundlichkeit des Gegenübers am Telefon. Wer diese täglichen kleinen Freuden dankbar wahrnimmt, für den werden sie zur großen Freude.

Die Sonne geht an keinem Dorf vorüber!

Wir meinen oft, das Leben würde uns stiefmütterlich behandeln, wir kämen zu kurz. Viele haben den Eindruck, sie gingen immer leer aus, während den anderen das Glück in den Schoß fällt.

Ein afrikanisches Sprichwort drückt eine andere Erfahrung aus: „Die Sonne geht an keinem Dorf vorüber." Die Sonne geht vielleicht im einen Dorf früher auf. Aber auch die anderen Dörfer vergisst sie nicht. Was für die Sonne gilt, gilt auch für Gott und es gilt für das Glück. Gott geht an keinem Dorf vorüber. Und auch nicht an mir und meiner Seele. Er beleuchtet sie genauso wie die andern. Wenn meine Sinne aufmerksam sind, werden sie die Sonne wahrnehmen, die mein Herz erleuchten möchte. Das afrikanische Sprichwort sagt auch uns eine Wahrheit: Keiner kommt zu kurz. Die Sonne geht jeden Tag neu auf und sie strahlt in die hintersten Winkel der Häuser – und der Herzen hinein.

Lass es dir gut gehen

In meiner Jugend wurde ich zu Bedürfnislosigkeit erzogen. Das sehe ich auch im Abstand keineswegs nur negativ. Im Gegenteil: Ich bin heute durchaus dafür dankbar, dass ich nicht jedes Bedürfnis gleich stillen muss. Ich habe genügend Menschen kennengelernt, die sich jedes aufkommende Bedürfnis gleich erfüllen müssen. Sie haben kein starkes Ich, das dem Bedürfnis auch einmal Widerstand leisten kann. Sie sind nicht frei, sondern Sklaven ihrer Bedürfnisse. Doch in meiner Erziehung habe ich zu wenig gelernt, zu meinen Bedürfnissen zu stehen und sie vor mir selbst einzugestehen.

Es war für mich ein langer Lernprozess, mir auch etwas zu gönnen und die eigenen Bedürfnisse ernst zu nehmen. Wenn ich sie ernst nehme, heißt das noch nicht, dass ich sie immer erfüllen muss. Ich gestehe sie mir ein. Ich lasse sie zu. Und dann kann ich sehen, ob sie mich zum Leben führen oder aber am Leben hindern. Es ist meine Aufgabe zu entscheiden, welches Bedürfnis ich mir erfülle und welches ich lieber loslasse. Wichtig ist, dass ich mich und meine Bedürfnisse ernst nehme. Sonst beschneide ich mich innerlich.

Jenniffer Louden sagt: „Die Fähigkeit, es sich selbst gut gehen zu lassen, ist der Mut, die eigenen Bedürfnisse ernst zu nehmen." Sie hat recht, denn es gehört Mut dazu, sich die eigenen Bedürfnisse einzugestehen. Benedikt nennt diesen Mut „Demut". Wenn die Mönche die Demut aufbringen, ihre Bedürfnisse zuzugeben, dann ermöglicht das ein menschliches Miteinander. Benedikt schreibt in seiner Regel: „Wer wenig braucht, danke Gott und sei nicht traurig; wer aber mehr braucht, demütige sich wegen seiner Schwäche und überhebe sich nicht wegen einer Vergünstigung. So werden alle Glieder im Frieden sein."

Wer wenig Bedürfnisse hat, soll dafür dankbar sein. Wer mehr hat, soll sie sich eingestehen. Aber er soll sie nicht als Forderung hinstellen. Dann würde er sich hinter seinen Bedürfnissen verstecken. Vielmehr soll er zugeben, dass er einfach mehr braucht. Das ist die Voraussetzung für den Frieden in einer Gemeinschaft.

Drei Dinge

„Gute Freunde, gute Bücher und ein ruhiges Gewissen. Das ist das ideale Leben." Diese drei sind für den amerikanischen Schriftsteller Mark Twain genug für ein gelingendes Leben: Gute Freunde geben uns die Gewissheit, dass wir nie allein sind, dass wir uns auf sie verlassen können, wenn wir sie brauchen. Mit ihnen können wir viel Schönes erleben, sie sind eine Quelle der Freude.

Gute Bücher sind für Stunden der Einsamkeit treue Begleiter. In sie können wir eintauchen. Im Lesen bauen wir an unserer eigenen Welt, die nicht beherrscht wird von den Zwängen des Alltags. Da atmen wir Freiheit. Wir lernen Alternativen kennen. Und lesend kommen wir auch in Berührung mit tieferen Schichten unserer Seele. Wir lernen uns dabei letztlich selbst besser kennen. Und Bücher können fesseln. Das Buch, das ich am Abend lesen werde, ist dann meine eigene Welt. Lesend bin ich frei von den Erwartungen anderer Menschen.

Und als Drittes brauchen wir ein ruhiges Gewissen. Wer Angst hat vor der Stille, weil sein schlechtes Gewissen sich melden könnte, der wird nie zur Ruhe kommen. Er wird nie wirklich Freude an seinem Leben finden. Denn immer lebt er in Angst, dass das schlechte Gewissen sein Lebensgebäude zum Einstürzen bringt. Eine Angst, die sich Menschen nur selten eingestehen, die immer auf der Flucht sind vor sich selber.

Leselust

„Schon das Wissen, dass ein gutes Buch einen erwartet am Ende eines langen Tages, macht einen Tag glücklicher", sagt die amerikanische Lyrikerin Kathleen Norris. Auch mir geht es so. Wenn ich ein gutes Buch lese, freue ich mich darauf, mich abends vor dem Schlafengehen nochmals darin zu vertiefen.

Manche Bücher lese ich aus reinem Pflichtgefühl. Weil ich es angefangen habe, will ich es auch zu Ende bringen. Andere Bücher faszinieren mich, sie lassen mich nicht los. Im Urlaub sind es Romane, auf die ich mich nach langer Wanderung freue. Während des Jahres sind es oft die Klassiker der spirituellen Literatur. Die Welt dieser Bücher relativiert die Welt der vielen Termine und Erwartungen von außen. Da tauche ich ein in eine Welt, die meiner Seele entspricht. Sie tut mir gut. Bücher sind Nahrung für den Geist und die Seele. Wenn ein interessantes Buch auf mich wartet, gibt das auch dem Tag einen anderen Geschmack.

Pick die kleinen Freuden auf

Viele warten auf das große Glück. Sie sind enttäuscht, dass es nicht kommt. Bei ihrer Suche nach dem großen Glück übersehen sie die kleinen Freuden, die auf dem Weg ihres Lebens bereitliegen. Theodor Fontane gibt da einen guten Rat: „Immer die kleinen Freuden aufpicken, bis das große Glück kommt. Und wenn es nicht kommt, was wahrscheinlich ist, dann hat man wenigstens die vielen kleinen Glücke gehabt."

Die vielen kleinen Glücke vermag jeder zu finden. Denn sie begegnen uns täglich. Wir müssen sie nur aufpicken. Aber wie ein Huhn müssen wir uns dem Boden zuwenden. Wenn wir in die Luft schauen, werden wir übersehen, was sich uns auf unserem Weg darbietet.

99 Freudengründe

Der Islam kennt 99 Gottesnamen. Der 100. Name für Allah ist ein Geheimnis, das wir Menschen nicht zu lösen vermögen. Martin Walser bezieht sich auf die 99 Gottesnamen, wenn er in einem kurzen Text vom 99. Grund zur Freude spricht. Freude ist für Martin Walser etwas Göttliches. Und wie es 99 Namen für Gott gibt, so gibt es 99 Gründe für die Freude. In der Freude haben wir teil an Gott. Der 99. Grund zu Freude ist für Martin Walser: „Dass mehr wird, was ich mit anderen teile. Dass mich, was ich allein habe, nicht freut. Der Mund des Gastes macht den Wein gut."

Das Wunderbare ist: Wer das, was ihm wertvoll ist, mit anderen teilt, wird nicht ärmer, sondern reicher. Es ist wie bei der Brotvermehrung, die in der Bibel erzählt wird. Das Brot, das die Jünger verteilen, wird immer mehr. Es nimmt gar nicht ab. Wenn ich etwas für mich allein behalten will, kann ich mich nicht daran freuen. Ich verbrauche viel Energie, um etwas Kostbares für mich zu behalten, sei es Besitz, sei es Wissen, sei es ein schönes Bild. Ich kann mich freuen, wenn ich das

Bild alleine anschaue. Aber wenn ich das Bild den Blicken der andern entziehen muss, damit ich es für mich allein habe, ist das mit seelischen Kosten verbunden. Ich werde beim Anschauen immer nur die anderen im Blick haben, vor denen ich es schützen möchte. Wahre Freude will mitgeteilt werden. Das vermehrt sie.

Martin Walser zeigt das in einem schönen Bild: „Der Mund des Gastes macht den Wein gut." Wenn ich den Wein mit dem Gast teile, wird er erst richtig gut. Wenn ich ihn allein koste, kann ich ihn nicht so genießen wie mit einem Freund zusammen. Der Genuss des Freundes wird meinen eigenen Genuss vertiefen. Das Lob des Gastes über den guten Wein wird ihn auch für mich noch köstlicher machen.

Einladung

„Lächeln ist die kürzeste Entfernung zwischen Menschen", sagt Victor Borge. Ein Lächeln bringt Menschen einander näher, die sich vorher noch fremd waren. Wenn ich in ein Geschäft eintrete und die Verkäuferin mich anlächelt, dann entsteht mitten in der Anonymität der Geschäftswelt eine Beziehung auf der menschlichen Ebene. Die Entfremdung ist aufgehoben. Die Distanz ist überbrückt. Natürlich gibt es auch das künstliche Lächeln, das ein Unternehmensberater eintrainiert hat. Doch dieses künstliche Lächeln schafft keine Beziehung. Es bleibt bei dem, der es praktiziert. Ein Kunde kann sehr gut unterscheiden, ob das Lächeln ihm gilt und ihn willkommen heißt oder ob es nur freundliche Fassade zum Zweck des Kaufanreizes ist. Es gibt ein Lächeln, mit dem ich mir den anderen vom Leib halte, eine kalte Freundlichkeit, die dem anderen signalisiert: Komm mir nicht zu nahe.

Ein Lächeln jedoch, das vom Herzen kommt, schafft sofort Nähe und Einverständnis. Es lädt ein, sich dem andern zu öffnen. Ich fühle mich verstanden und angenommen, ernst genommen. Ich darf sagen, was ich denke. Ich werde nicht beurteilt. Und ein solches Lächeln lädt zum Gespräch ein. Ich bekomme Lust, den andern anzusprechen, mit ihm in Austausch zu kommen.

Mir erzählte ein Mann, den ich begleitet habe, wie gut es ihm getan hat, mit der Verkäuferin in einem kleinen Geschäft ins Gespräch gekommen zu sein. Da waren sofort Nähe und Vertrautheit, aber zugleich Freiheit. Keiner wollte den anderen für sich vereinnahmen. Der Mann hat sich einfach wohlgefühlt. Das war auf dem Hintergrund seiner negativen Erfahrungen in Beziehungen für ihn wie ein Signal, dass er doch nicht so unmöglich ist, wie er es sich selbst oft eingeredet hatte. Er bekam durch eine solche kleine und folgenreiche Geste wieder Mut, auf Menschen zuzugehen und sich an freundlichen Blicken und an einem Lächeln zu erfreuen.

Zu Besuch

„Beeil dich nicht. Bekümmere dich nicht. Du bist hier nur für einen kleinen Besuch. So mach auf jeden Fall halt und riech an den Blumen." Walter Hagen inspiriert uns mit diesen Sätzen. Er zeigt, wie wir unser Leben genießen können. Wir sind hier auf Erden nur für einen kleinen Besuch. Unsere Zeit ist begrenzt, so wie wenn wir liebe Freunde besuchen. Aber bei diesem Besuch sollten wir uns nicht beeilen und uns keine Sorgen machen. Es ist nur ein kurzer Besuch. Wir sollten dabei nicht versäumen, sagt Walter Hagen bildhaft, an den Blumen zu riechen. Das ist ein Zeichen selbstvergessener Präsenz in einem Augenblick, den man genießt.

Bei einem Besuch muss man keine Geschäfte abschließen oder ein Pensum an Besichtigungen absolvieren. Es geht darum, sich Zeit zu lassen und die kurze Zeit zu genießen. Der Hinweis auf die Blumen kann also auch als ein ganz konkreter Tipp für ein gelingendes Gast-Sein gelesen werden: Anstatt in die Geheimnisse der Familie einzudringen, bei der wir zu Besuch sind, sollten wir uns lieber den Blumen zuwenden und uns an ihrem Duft erfreuen. Das wird den Besuch erfreulicher gestalten, als wenn wir – zum Beispiel – die Probleme der Gastfamilie lösen möchten.

Und auch für unser ganzes Leben gilt: Das Bewusstsein, dass unser Leben nur von kurzer Dauer ist, lädt uns ein, diese Zeit bewusst wahrzunehmen und das Schöne, das wir in dieser kurzen Zeit erleben, auch in aller Ruhe in uns eindringen zu lassen – so wie den Duft von Blumen.

Gänseblümchenweisheit

Erfolg ist nicht alles. Nadine Stair hat das im Rückblick auf ihr Leben erkannt: „Wenn ich mein Leben noch einmal leben könnte, würde ich mehr Gänseblümchen pflücken." Diese erfolgreiche Frau ist durchaus stolz auf das, was sie erreicht hat. Sie will ihren Erfolg nicht vermissen. Aber eines würde sie anders machen. Sie würde sich mehr Zeit lassen für einfache Dinge, für zweckfreies Tun. Sie würde sich zur Erde bücken und die Gänseblümchen bewundern. Und sie würde sich einen Strauß pflücken. Er wäre ihr mehr wert als das edle Gebinde, das sie teuer bei ihrer Floristin gekauft hat. Darin wäre mehr von ihr selbst, von ihrer Fantasie, von ihrer Liebe, von ihrem Geschmack. Darin läge mehr Freiheit, mehr Lust am Leben, mehr Freude.

Biergartenglück

In Bayern, besonders im Raum München und Umgebung, ist der Besuch eines Biergartens zu einer Art Freizeitkultur im Sommer geworden. „Einkehren" ist das bayerische Wort für einen solchen Besuch.

„Sogar beim Einkehren in den Biergarten kann man bei sich selber einkehren", so schreibt der Schriftsteller Franz Herre in einem Buch mit dem schönen Titel „Das Glück liegt auf der Hand". Und in der Tat: Bei warmen Temperaturen und bei schönem Wetter abends in den Biergarten zu gehen, unter Kastanien zu sitzen, auf bescheidenen Holzbänken den Tag ausklingen zu lassen, bei einfachem Essen und Trinken, wissend, dass das Leib und Seele zusammenhält, das ist für viele zum Inbegriff von Erholung geworden. Man trifft sich mit Freunden, führt keine zweckgerichteten Gespräche, verhandelt nichts Wichtiges, muss nichts Tiefsinniges reden. Man genießt einfach den lauen Abend und das gute Bier. Am besten, so Herre, man redet möglichst wenig und konzentriert sich auf das Wesentliche: „den stillen Genuss des bescheidenen Glücks."

Selbst bei dieser Einkehr – so meint Franz Herre – kann man bei sich selbst einkehren. Nicht immer ist die Umgebung nur ländlich beschaulich oder idyllisch. Aber auch in einer oft oberflächlichen Stimmung, auch im Trubel eines Münchner Biergartens vermag ich bei mir selbst einzukehren und bei mir zu sein. Und wenn ich bei mir bin, dann kann ich mitten im Trubel das Leben genießen.

Verschluck dich nicht

„Wer nicht genießen kann, wird bald ungenießbar." Menschenkenntnis und Erfahrung bestätigen dieses Sprichwort. Aber das ist nur eine Seite der Medaille.

„Wer sich allen Genüssen des Lebens hingibt, der empfindet keinen Genuss mehr." Auch dieser von Lord Chesterfield stammende Satz hat seine Wahrheit: Genießen setzt die Fähigkeit zum Verzicht voraus. Wer immer genießen will, wer sich zuschüttet und vollstopft mit guten Dingen, der spürt bald nichts mehr. Er kann sich im Genießen nicht mehr selbst vergessen. Er kann nicht bei sich sein, weil er jedem Genuss immer wieder nachjagen muss. Damit aber wird der Genuss bald ungenießbar. Auch das Genießen braucht das rechte Maß. Wer maßlos in sich aufnimmt, wird sich bald daran verschlucken. Und am Ende überzogener Wünsche und unersättlicher Gier steht immer die Enttäuschung: „Nichts wird den zufriedenstellen, der nicht mit wenigem zufrieden ist", sagt man in Griechenland.

Vorfreuden

Warten ist eine Kunst, die ich selber auch nicht sehr gut beherrsche. Wenn ich unterwegs tanken muss und dann an der Kasse hinter Leuten stehe, die mit ihrer Umständlichkeit alle anderen aufhalten, dann spüre ich, wie ich ungeduldig werde. Ich warte, damit ich bald wieder weiterfahren kann.

Es gibt aber auch ein anderes Warten. Ein freudiges Ereignis steht bevor. Wenn ich mich darauf einstelle, dann bekommt mein Warten eine andere Dimension. Dann hat es teil an der Freude, die mich erwartet. Dieses Warten hat Ephraim Gotthold Lessing offensichtlich im Blick, wenn er schreibt: „Ein Vergnügen erwarten ist auch ein Vergnügen." Wenn wir als Kinder auf Weihnachten gewartet haben, dann war das Warten von der Vorfreude erfüllt. Und wenn wir zum Beispiel als Jugendliche ins Sechziger-Stadion in die nahe Großstadt gefahren sind, um das Spiel Bayern München gegen 1860 München zu sehen, dann fieberten wir dem Spiel entgegen. Das Warten war schon voller Lust. Es versetzte uns in Spannung und war genauso lustvoll wie das Zuschauen beim Spiel und wie das Nacherzählen auf dem Heimweg. Und auch wenn „unsere" Mannschaft verloren hatte und wir darüber traurig waren – die Vorfreude konnte uns niemand mehr nehmen.

Ein Himmelsweg

Der Himmel – das ist der Inbegriff der Seligkeit und Ziel unseres Lebens. Aber er ist nichts, was von unserem Leben getrennt wäre, verortet in einem Jenseits, das mit unserem Dasein in dieser Welt nichts zu tun hätte. „Der ganze Weg zum Himmel ist Himmel", sagt Teresa von Avila. Sie, die große Mystikerin, hat in ihrem Leben viel Leid erfahren. Sie wurde von den patriarchalen Führern der Männerkirche ihrer Zeit schief angesehen, sie wurde verdächtigt. Ihre Schriften wurden zum Teil verboten, ja sogar verbrannt, ihre Klostergründungen wurden mit Argusaugen beobachtet. Und sie fühlte sich oft krank. Doch sie hatte einen Blick für die schönen Dinge des Lebens. Sie konnte genießen. Einer griesgrämigen Schwester, die ihr Vorwürfe machte, dass sie so ausgelassen feierte, erwiderte sie: „Wenn Fasten, dann Fasten. Wenn Rebhuhn, dann Rebhuhn." Ihr Ziel war, Gott zu erfahren. Dieser Weg führt auch durch manche Dunkelheiten hindurch. Doch sie hat zugleich in ihrem Herzen etwas erkannt, was noch heute gilt:

Der Himmel als Ziel meines Lebens leuchtet

schon über all meinen Wegen. Das Ziel ist also schon gegenwärtig. Ich brauche nur emporzuschauen. Dann sehe ich den Himmel über mir. Er ist Bild für den Himmel, den ich ersehne. Aber der Himmel ist nicht nur über mir. Angelus Silesius sagt uns: „Der Himmel ist in dir." Wir tragen den Himmel, auf den wir zugehen, schon in uns. So ist der ganze Weg zum Himmel schon Himmel. Auch wenn der Himmel unseres Bewusstseins oft verhangen ist oder dunkle Wolken ein Unwetter ankündigen, so dürfen wir doch gewiss sein: Der Himmel in uns kann sich nicht verdunkeln. Dort ist selbst bei äußeren Stürmen und Unwettern ein innerer Friede, ein inneres Leuchten.

Über der Erde

„Glücklichsein beginnt immer
ein wenig über der Erde."
(Karl Krolow)

Wir sagen tatsächlich alltagssprachlich von einem
Menschen, der mit sich rundum glücklich ist, er
sei „abgehoben". Jemand hebt ab – das kann zwar
auch negativ gemeint sein, in dem Sinn: Er ist
unrealistisch und möchte die Wirklichkeit nicht
mehr so ertragen, wie sie ist. Aber es kann eben
auch diesen positiven Sinn haben: Jemand sieht
die Dinge von oben und im Abstand. Er bekommt
nicht nur eine andere Sicht, nämlich nach unten,
sondern eine größere Perspektive, und zwar him-
melwärts.

Im Traum erleben wir häufig, wie wir fliegen
können. Wir heben ab, steigen in die Lüfte, um
die Leichtigkeit des Seins zu erfahren, um unsere Welt von oben und anders zu sehen. Wir sind
nicht mehr fixiert auf die Probleme, die uns sonst
so dicht und bedrängend umgeben. Wie ein Wind-
drachen werden wir in die Luft gehoben, lassen

alles Schwere unter uns, schweben, sehen uns die Probleme dort unten am Boden von einem höheren Standpunkt aus an. Dann relativieren sie sich. Sie erscheinen uns klein. Und vor allem sind wir nicht mehr hinein verwickelt. Wir gewinnen mit der Distanz auch an Freiheit.

Der Lyriker Karl Krolow hat offensichtlich solche Erfahrungen im Blick, wenn er meint, das Glücklichsein beginne immer ein wenig über der Erde. Glücklich ist, wer nicht mehr unter der Erdenschwere leidet, wer sich, gleichsam im Zustand der Schwerelosigkeit schwebend, der Leichtigkeit des Seins erfreut.

Sieh das Leben heiter

Von der Leichtigkeit des Lebens

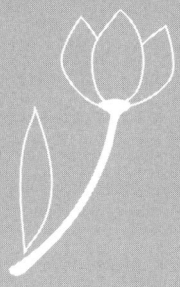

Ein heiteres Herz

„Heiterkeit ist der Himmel, unter dem alles gedeiht", sagt der Dichter Jean Paul. Das ist eine psychologische und eine spirituelle Einsicht. Und eine sehr alte dazu: Im frühen Mönchtum war die Heiterkeit des Herzens Zeichen eines geistlichen Menschen. Benedikt spricht vom weiten Herzen. Das heitere Herz ist immer auch ein weites Herz. Es ist voller Milde. Es urteilt nicht. Es verbreitet in seiner Umgebung Freude.

Heiterkeit kommt von der indogermanischen Wurzel „kai", die „scheinend, leuchtend" bedeutet. Heiterkeit ist also innere Klarheit. Nicht nur die wetterfühligen Menschen wissen aus eigener

Erfahrung: Der heitere Himmel hellt auch das Gemüt des Menschen auf. Er tut ihm gut und fördert seine gute Laune. Die Wettervorhersage im Radio spricht oft davon, dass es am nächsten Tag „heiter und wolkig" sein wird. Der Himmel ist heiter, wenn die Sonne ihn prägt, aber auch zugleich leichte Wolken die Sonne etwas abmildern. Es ist eine angenehme und milde Sonne, nicht die stechende Sonne eines Hochsommertags. Sie tut uns besonders wohl.

„Heiterkeit, der Himmel, unter dem alles gedeiht". Wie wahr: Unter einem heiteren Himmel gedeihen die Früchte der Erde am besten. Da bekommen sie Sonne und Schatten. Und auch für die Psyche des Menschen ist ein heiterer Himmel ein Segen. Wenn die Sonne vom Himmel sticht, sucht der Mensch lieber kühlere Plätze auf. Unter heiterem Himmel geht er gerne spazieren. Er hat teil an der Stimmung, die ihn umgibt. Sein Herz hellt sich auf. Und er lässt sich nicht so leicht aus seinem guten Gestimmtsein vertreiben.

Wie man's nimmt

„Im Grunde ist jedes Unglück gerade nur so schwer, wie man es nimmt." Mit diesem Satz will die österreichische Dichterin Marie von Ebner-Eschenbach sagen, dass es von uns und unserer Deutung abhängt, wie wir alles erleben. Wir können ein Unglück nicht ändern. Wenn wir einen Autounfall haben, können wir ihn nicht rückgängig machen. Aber wir können dankbar sein, dass wir mit dem Leben davon gekommen sind. Natürlich kann und darf die Deutung nicht willkürlich sein. Wenn jemand beim Unfall ums Leben kommt, können wir das nicht auf die leichte Schulter nehmen. Es tut weh. Und es tut uns gut, diesen Schmerz zuzulassen. Aber auch in einem solchen Fall wird es an uns liegen, wie schwer wir es auf Dauer nehmen, ob wir uns ein Leben lang davon niederdrücken lassen, oder ob wir durch die Trauer hindurch zu einer neuen Intensität des Lebens gelangen.

Marie von Ebner-Eschenbach hat mit ihrem Wort eher die kleinen Missgeschicke des Tages im Sinn. Und da liegt es an uns, wie schwer wir das nehmen, was uns widerfährt. Wir können uns hineinsteigern und am Sinn unseres Lebens zweifeln oder wir können es als Herausforderung nehmen, an der wir wachsen können. Das Glück liegt in unserem Herzen. Wir haben die Wahl.

Mit Humor geht's besser

Ordnung ist gut, ja sie schafft oft erst den Freiraum für die Lust am Leben. Aber Ordnung ist nicht alles: „So sehr wir unser Leben auch in Ordnung zu bringen versuchen: Wir können plötzlich sterben, ein Bein verlieren oder ein Glas Apfelmus fallen lassen", hat Natalie Goldberg gesagt.

Es ist gut, unser Leben zu ordnen. Aber wir können unser Leben nicht in den Griff bekommen. Wir haben keine Garantie, dass wir lange gesund bleiben. Wir können plötzlich sterben. Oder wir können in einen Unfall auf der Autobahn verwickelt werden. Die Zeitkontrolle, mit der Firmen die Arbeitszeit ihrer Mitarbeiter kontrollieren, ist für unser Leben wertlos. Je mehr wir unser Leben unter Kontrolle bringen möchten, desto mehr wird es uns außer Kontrolle geraten. Das gilt nicht nur für unsere Gesundheit, sondern auch für die kleinen Missgeschicke unseres Lebens. Wir möchten alles richtig machen. Dann fällt uns gerade vor den Augen unseres lange erwarteten Besuches ein Glas Apfelmus auf den Boden. Alle noch so gut gemeinten Vorbereitungen werden dadurch über den Haufen geworfen.

Leben gelingt nur, wenn wir mit den vielen Zufällen rechnen, mit all dem, was uns unverhofft einen Strich durch die Rechnung macht. Es braucht Humor, das Leben, das wir ordnen möchten, immer wieder so anzunehmen, wie es sich uns darbietet, oft genug chaotisch, unvermutet, in unseren Plänen durchkreuzt.

Sponti-Weisheit

Sponti-Sprüche transportieren oft auf witzige Art Weisheit. So auch dieser Spruch, der an einem tristen Wohnblock in Berlin-Kreuzberg zu lesen war: „Lache, und die Welt lacht mit dir. Weine, und du machst nur dein Gesicht nass."

Lachen öffnet uns die Herzen der Menschen. Im Lachen entsteht Gemeinschaft. Wer lacht, findet immer Menschen, die gerne mit ihm lachen. Ich erfahre es oft bei Kursen. Bei den Mahlzeiten gibt es da oft Tischnachbarn, die herzlich miteinander lachen. Sofort wenden sich die übrigen am Tisch, manchmal auch der ganze Saal, ihnen zu und möchten mitlachen. Lachen zieht die Menschen an. Sie möchten auch dabei sein.

Weinen macht oft einsam. Manchmal erfährt der Weinende auch zärtliche Anteilnahme und Zuwendung. Aber häufig haben die Menschen in der Nähe Hemmungen, auf den Weinenden zuzugehen und ihn anzusprechen. Der Sponti-Spruch drückt auf sarkastische Weise aus, dass der Weinende allein bleibt. Er macht nur sein Gesicht nass. Er hat nichts davon.

Das ist natürlich nur eine Seite der Medaille. Manchmal kann Weinen auch heilsam sein. Es kann mich innerlich befreien von der Trauer, die in mir ist. Doch wenn ich aus Selbstmitleid weine, dann bewegt sich nichts in meinem Innern. Ich bleibe in meinem Weinen stecken – und mache mir tatsächlich nur das Gesicht nass.

Wer lacht, der lebt

„Wer lacht, gibt damit zu erkennen, dass er lebt."
In zahlreichen Mythen und Märchen der verschiedensten Völker hat die italienische Volkskundlerin Maria Caterina Jacobelli diese eine Grundidee erkannt: Das Lachen ist dem Menschen als lebendigem Wesen eigentümlich.

Das Lachen steht bei vielen Völkern nicht nur am Beginn des Lebens, sondern es gilt sogar als Lebensspender. Sara nennt ihren Sohn Isaak: „Gott ließ mich lachen" (1. Mose 21,6). Die Griechen sahen das Lachen als eine Eigenschaft der Götter an. „Das Lachen ist dann Lebensfülle und Lebensdichte, es ist eine Weise, Götter zu sein."

Homerisches Gelächter

Die griechische Religion der Antike war eine Religion der Heiterkeit. Die Götter des Olymps lachten gerne. Homer schildert ihr Lachen immer wieder. Nicht umsonst sprechen wir immer noch sprichwörtlich vom homerischen Gelächter. Dass die Griechen viele Ausdrücke für die verschiedenen Arten des Lachens kennen, zeigt schon, wie wichtig ihnen dieses Thema war. Da gibt es den Witz, den derben Spaß (bomolochia), das Lustige, das Komische (geloion), das Hohnlachen (gelos), den Spaß und das Spiel (paidia) und die Heiterkeit (hilarotes). Seit Friedrich Schiller, der die Heiterkeit und das Lachen als charakteristisch für die hellenische Religion ansah, spricht man von den „heiteren Griechen".

Auch die griechische Philosophie hat sich der Heiterkeit und des Lachens angenommen. Demokrit gilt als der lachende Philosoph, weil er die Dummheit der Menschen durchschaut. Sokrates zeigt selbst angesichts des Todes eine heitere Haltung. Platon meint, von den höchsten Dingen, auch den göttlichen Dingen, könne man nur in einer

Mischung von Scherz und Ernst sprechen. Für ihn ist die Heiterkeit Wesen der Götter. Der Mensch ist nach seiner Feststellung das einzige Wesen, das die Fähigkeit zu lachen besitzt. Daher soll er den Göttern ähnlich werden und die Heiterkeit als seine beständige Haltung anstreben. Für die stoische Philosophie ist die „Heiterkeit des Gemüts" das Lebensideal.

Heitere Seelen

Die Kirchenväter haben die positive Sicht der Heiterkeit aus der Antike übernommen. Sie wehren sich nur gegen verletzende Formen und kritisieren das Hohnlachen und das Verlachen eines anderen. Am intensivsten hat Clemens von Alexandrien über das Lachen und die Heiterkeit des Christen geschrieben. Er stellt sogar Regeln für das christliche Lachen dar. Das Lachen ist dem Menschen natürlich. Daher soll er es nicht unterdrücken. Allerdings besagt die Fähigkeit zu lachen nicht, der Mensch solle immer lachen. Auch ein Pferd wird schließlich nicht immer wiehern. Clemens entwickelt folgerrichtig sogar ein christliches Ideal der Heiterkeit. Die heitere Seele ist innerlich klar. Sie lässt sich nicht trüben von den dunklen Wolken am Firmament des eigenen Herzens. Auch Augustinus, der große Theologe des Westens, schätzt die Heiterkeit. Er empfiehlt dem Katecheten, etwas Lustiges zu erzählen, wenn er sieht, dass die Schüler zu gähnen beginnen. Er selbst macht beim Predigen häufig Witze. So findet sich bei ihm oft der Ausdruck „ioco dictum = mit einem Witz gesagt".

In unserer Zeit haben Theologen wie Karl Barth, Helmut Thielicke und Karl Rahner zu herzlichem Lachen und innerer Heiterkeit ermuntert. Gerade in unserer Zeit einer diffusen Depressivität wäre es eine wichtige Aufgabe der Theologie und Spiritualität, die lebensfördernde Kraft der Lust, der Heiterkeit und des Lachens wieder zu entdecken und Wege zu zeigen, wie wir die Lust genießen können, ohne uns unter den neuen Leistungsdruck der Spaßgesellschaft zu beugen.

Osterlachen

Die italienische Volkskundlerin Maria Caterina Jacobelli hat auch ein Buch über das Osterlachen geschrieben. Im Mittelalter war es üblich, dass der Prediger im Ostergottesdienst Witze erzählte, die das Volk zum Lachen brachten. Manche Forscher meinen, das Osterlachen gehe auf einen Brauch in Ägypten zurück. Dort hatte das Lachen im Kult seinen festen Platz. Am dritten Tag nach der Auffindung des Osiris hat man sich ausgelassenem Jubel hingegeben. Offensichtlich hat das Lachen an Ostern etwas mit dem dritten Tag zu tun, an dem Jesus auferstanden ist.

Der Brauch des Osterlachens war in der mittelalterlichen Kirche bei den Leuten sehr beliebt. Doch die Bischöfe versuchten, diesen Brauch immer wieder zu unterbinden. Er schien ihnen nicht angemessen zu sein für den heiligen Raum der Kirche. Außerdem waren die Witze der Priester oft sexuell getönt. Offensichtlich hatte aber das Volk ein tiefes Gespür dafür, dass an Ostern die Lust über den Tod gesiegt hat. Auferstehung meint den Sieg des Lebens über den Tod. Und das Leben verbanden die Menschen auch damals mit Lust. Leben ist Lust, nicht nur Lust des Geistes, sondern auch körperliche Lust. Jesus ist an Ostern ja leibhaft auferstanden.

Für die Priester im Mittelalter war die Sexualität der Ort, an dem sie diese Lust am klarsten festmachen konnten. Damals war Liturgie noch mit Lust verbunden. Und Ostern verstand man als etwas, das einem nach der Fastenzeit neue Lust am Leben schenkte.

Lachen hat mit Lust zu tun. Und die Lust hat immer auch eine Beziehung zum Leib und zur Sexualität. Im Bereich des Heiligen zu lachen hatte für das Volk mit eigentlicher Erfahrung von Ostern zu tun: Christus ist leibhaft von den Toten auferstanden. Sein Leib hat eine neue Würde bekommen. Sein Leib ist hineingehoben in die Herrlichkeit Gottes. Daher ist das Lachen angemessener Ausdruck des Glaubens an die Auferstehung. Im Lachen drückt sich die Bejahung des Lebens und des Leibes aus.

Aber es ist auch der Beginn neuen Lebens. An Ostern waren die Kirchen überfüllt. Alle warteten auf die Osterwitze des Predigers. Sie sehnten sich nach der Fastenzeit danach, wieder herzhaft lachen zu können. Das Lachen – so glaubten sie – würde das neue Leben in ihnen hervorlocken, das überall in der Natur im Frühling zur Blüte drängt.

Es gab nicht nur das Osterlachen. An anderen Orten war es üblich, an Ostern in der Kirche zu tanzen. Man wollte die Befreiung des Lebens von allen Fesseln austanzen.

Daran sollten wir uns immer wieder erinnern: Religiöser Ausdruck ist etwas ganz Vitales. Spiritualität soll spürbar sein, bis in den Leib hinein.

Ein Rühmen Gottes ist das Lachen

„Ein Rühmen Gottes ist das Lachen, weil es den Menschen Mensch sein lässt." Karl Rahner hat das gesagt, einer der großen christlichen Denker unserer Epoche. Karl Rahner war ein Theologe, der über sich selbst lachen konnte und sich selbst nicht so wichtig nahm. Er konnte staunen wie ein Kind – etwa, wenn er einem Specht zusah und sich fragte, was in dem Kopf dieses Vogels vorgehen mochte. Und er konnte sich freuen wie ein Kind. Nichts war ihm lieber als ein köstlicher, großer Eisbecher, über dem er alle Querelen und alle tiefsinnigen Fragen vergessen konnte. Als er an einer wissenschaftlichen Konferenz in Paris teilnehmen musste, war sein größtes Vergnügen eine Fahrt auf den Eiffelturm. Und als sein Verlag ihm zum 75. Geburtstag ein Fest veranstaltete, machte er dem Jubilar die größte Freude damit, dass er einen Kinderchor einlud. Dieser große Denker hat sich bei aller Schärfe seines Geistes ein kindliches Gemüt bewahrt. Für ihn ist das Lachen ein Loben und Rühmen Gottes. Denn Lachen ermöglicht dem Menschen, Mensch zu sein. Es macht ihn erst menschlich. Ein humorloser Theologe ist für Karl Rahner kein guter Theologe und auch kein wirklicher Mensch. Rahner hat mit seinem Wort an das Wort des großen frühchristlichen Theologen Irenäus angeknüpft: „Gloria dei – homo vivens." (Die Herrlichkeit Gottes, der Ruhm Gottes, das ist der lebendige Mensch.)

Lachen ist Zeichen für die Lebendigkeit des Menschen. Daher ist der lachende und lebendige Mensch der wahre Ruhm Gottes. Durch sein heiteres Dasein preist er den Gott der Liebe und der Menschenfreundlichkeit. Es gibt nichts Schöneres unter dem Himmel.

Wolkengezupf und Grashüpferhupf

Joachim Ringelnatz zeichnet sich durch seine satirischen Verse aus. Doch hinter der Satire steckt bei ihm offensichtlich noch mehr: eine Lust, die üblichen Vorstellungen der Menschen infrage zu stellen und den Menschen auf neue Wege zu weisen. Dass seine Satire nicht aus Verzweiflung oder aus

Jeder Augenblick
ein Wunder

Von der Leichtigkeit des Lebens

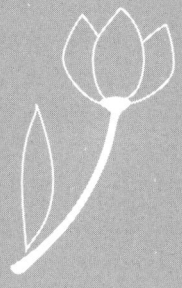

Wach auf!

Max Frisch erzählt in seinem Roman „Homo faber", wie er die Menschen beobachtet, die nur mit sich und ihren Lasten beschäftigt sind.

Die Lastenträger schauen nur auf den Boden und sehen nicht das Glück, das sie umgibt. Auch die Herren, die sich in Sänften tragen lassen, haben ausdruckslose Gesichter, die nichts von dem Glück wissen, das bereitliegt, auch in ihr Herz einzudringen: „Leute kamen des Weges, Gesichter, als wüssten sie nicht, wie nahe am Glück sie wohnen, wie offen die Tore uns stehen. Man hätte stutzen können, wie sie des Weges kamen, Krämer, die eben auf dem Markte waren, Kulis, die ihre Lasten trugen, die auf den Boden blickten, damit sie nicht stolperten und das Genick nicht brachen unter ihren Lasten, Herren auch, die sich in einer Sänfte tragen ließen, lächelnd, fächelnd. Man hätte stutzen können. Sie gafften mich an, die Träger, die Herren – man hätte sie packen mögen, den ersten besten, einen Wasserträger zum Beispiel: ‚Mensch, Freund, wissen Sie es denn nicht?' – ‚Was?' – ‚Wie selig, wie herrlich, wie wunderlich das Leben sein kann, sehen Sie es denn nicht. Ein solcher Morgen …'"

Glück hat demnach etwas mit Aufwachen zu tun. Wir sind so sehr mit uns beschäftigt, dass wir die Wirklichkeit nicht sehen, die uns umgibt. Das Glück ist für Max Frisch nicht etwas rein Subjektives. Es liegt in der Frische des Morgens, im Zauber des Augenblicks, in der Schönheit der aufgehenden Sonne. Doch wer nicht aufwacht, kann das Glück nicht wahrnehmen, das ihn umgibt.

Das Leben ist so bunt

Jeder Tag zeigt es aufs Neue: Dass das Leben schön ist, muss man einem nicht erst mit Vernunftargumenten nahebringen. Man braucht nur seine Sinne zu öffnen, die Augen aufzumachen für das Leben, sich einzulassen auf die schönen Dinge um uns herum.

„Schau, das Leben ist so bunt", beginnt ein Gedicht von Selma Meerbaum Eichinger. Wenn wir es lesen, dann werden auch wir unmerklich zu einer anderen Sicht unseres Lebens gedrängt. Indem wir ihre Verse, ihre Bilder, ihre Eindrücke in uns aufnehmen, wächst in uns die Lust am Leben. Wir sehen das Leben auf einmal leichter und heller. Wer einen solchen Text auf sich wirken, wer ihn in sich eindringen lässt, wird tatsächlich spüren, dass er in ihm etwas auslösen kann:

Schau, das Leben ist so bunt.
Es sind so viele schöne Bälle drin.
Und viele Lippen warten, lachen, glühn
Und tuen ihre Freude kund.
Sieh nur die Straße, wie sie steigt:
So breit und hell, als warte sie auf mich.

Jeder neue Tag ist eine solche Einladung. Jeden neuen Morgen wartet das Leben auf mich, hell und bunt.

Wunder des Morgens

Morgenmuffel würden wohl nie diese Verse von Juan Ramon Jimenez aussprechen:

> Glücklicher Tagesanbruch
> Augenblickliche Süße des Lebendigen,
> womit die Wirklichkeit – noch kaum erwacht! –
> den Traum übertrifft.

Viele haben das Gefühl, es sei eine Zumutung, überhaupt aufzustehen. Am liebsten würden sie im warmen Bett liegen bleiben. Sie verschlafen den glücklichen Tagesanbruch, die augenblickliche Süße des Lebendigen. Sie sind so sehr in ihrem Widerstand gegen den anbrechenden Tag gefangen, dass sie gar nicht wahrnehmen, welch einen Zauber der anbrechende Tag in sich birgt. Wer morgens vom Schlaf erwacht, wer wirklich die Augen auftut, für den erwacht auch die Wirklichkeit. Für den gilt die Erfahrung des Sprichwortes: „Morgenstund hat Gold im Mund."

Es liegt an mir selbst, wie ich den neuen Tag beginne, ob ich ihn als Zumutung erlebe oder als

Verheißung, ob der Tag für mich erwacht oder ob er mir schläfrig entgegenkommt, ungewaschen und ungekämmt, ohne Kraft und ohne Frische. Die Süße des Lebendigen ist da. Aber sie muss gespürt werden. Schlaftrunkene Augen werden sie nicht erkennen. Und ein Herz, das nicht aufwacht, kann die erwachte Wirklichkeit nicht wahrnehmen.

Wenn ich im Sommer nach dem Frühchor um 5.45 Uhr durch unsere Bachallee wandere, dann spüre ich die „augenblickliche Süße des Lebendigen". Die Sonne steht schon über den Feldern. Ihre Strahlen durchdringen das Laub der Bäume. Die Frische des Morgens umgibt mich. Ich fühle mich eingehüllt in die lebendige, erfrischende und liebende Nähe Gottes. Dann spüre ich den Reiz des Morgens: das Wunder der erwachenden Schöpfung.

Keine Hetze

Der Höhepunkt meines Erlebens ist in den Dingen, die mich umgeben. In der Wiese vor meinem Haus. In der Blume auf meinem Schreibtisch. In der Musik, die ich höre. In der Stille, die ich mir gönne. Die Schönheit ist schon vorhanden. Ich muss sie nur wahrnehmen. Wenn mir das offene Auge fehlt, werde ich die Höhepunkte auch nicht wirklich erleben, die mir Kataloge in den schönsten Farben schildern. Sie werden an mir vorübergehen, ohne mich zu berühren. Die Blume auf meinem Schreibtisch berührt mich, wenn ich sie nur intensiv genug anschaue und mich in ihr Geheimnis vertiefe. Auf dem Grund des Schauens entdecke ich den Höhepunkt unmittelbar vor meinen Augen immer dann, wenn ich achtsam und wach bin. Wer das einmal erfahren hat, hat es nicht nötig, von einem Event zum andern zu hetzen, in den Katalogen der Reisebüros nach den neuesten Angeboten der Reisebranche zu suchen, von möglichst weit weg liegenden exotischen Zielen oder von möglichst spannendem Nervenkitzel zu träumen.

Genieße – es ist später, als du denkst!

Das Buch Kohelet, das jüdische und griechische Weisheit miteinander verbindet, fordert den Menschen auf, das Leben zu genießen. „Denn das ist dein Anteil am Leben" (Kohelet 9,9). Der Mensch weiß nicht, wie lange sein Leben währt. Daher soll er den jetzigen Augenblick auskosten. Den hat Gott ihm geschenkt.

„Genieße das Leben. Es ist später, als du denkst!" Dieses chinesische Sprichwort gibt eine ähnliche Begründung für den Genuss des Lebens an wie das biblische Buch: Es hat wenig Sinn, den Genuss auf später zu verschieben. Du weißt nicht, wie viel Gelegenheit dir noch zum Genießen bleibt. Es ist immer später, als wir denken. Unsere Zeit ist begrenzt. Dies galt früher und es gilt heute. Wenn wir ganz im Augenblick sind, werden wir entdecken, dass er uns alles bietet, was wir erwarten: reine Gegenwart, Fülle des Seins, Schönheit und Leben.

Was das Beste ist

„Siehe, was ich als Bestes ersehen habe: dass es schön ist, zu essen und zu trinken und es sich wohl sein zu lassen bei all der Mühe, womit sich einer plagt unter der Sonne, die wenigen Tage seines Lebens, die Gott ihm gegeben. Denn das ist sein Anteil" (Kohelet 5,17).

Manche meinen, Kohelet, der Prediger, sei ein pessimistischer Mann gewesen. Doch er sieht die Dinge, wie sie sind. Er durchschaut die Illusionen, die wir uns über das Leben machen. Wir können uns mit noch so viel Besitz nicht die Lust am Leben erkaufen. Was uns bleibt, das ist: zu genießen, was Gott uns schenkt, mit Genuss zu essen und zu trinken. Das Leben ist Mühe genug.

Die entscheidenden 60 Sekunden

„In jeder Minute, die du im Ärger verbringst, versäumst du 60 glückliche Sekunden deines Lebens." Der evangelische Theologe, Arzt und Musiker Albert Schweitzer sieht das Leben als grundsätzlich glücklich an. Jede Sekunde unseres Lebens ist von Natur aus glücklich. Wir selber verbauen uns das Glück, indem wir uns vom Ärger bestimmen lassen.

Es ist unsere Entscheidung, ob wir uns die 60 glücklichen Sekunden entgehen lassen, indem wir uns dem Ärger hingeben, oder ob wir sie dankbar annehmen und sie genießen können. Die 60 glücklichen Sekunden sind sicher nicht geprägt von vielen glücklichen Ereignissen. Denn in einer Sekunde kann nicht viel geschehen. Doch allein, indem ich die Sekunde wahrnehme und ganz im Augenblick bin, erlebe ich sie als glücklich.

Geschmacksreichtum

„Sauer, süß, bitter, scharf, alles muss geschmeckt werden", sagen die Chinesen. Im chinesischen Restaurant werden die Speisen mit verschiedenen Saucen serviert. Da gibt es Hühnerfleisch mit süßsaurer Sauce. Und es gibt besonders scharfe Speisen. Jede von ihnen hat ihren besonderen Geschmack. Wenn ich mich darauf einlasse, dann genieße ich jede Speise, gleich welchen Geschmack sie hat. Das chinesische Sprichwort sagt: Auch das Bittere kann dann zu einer Lebensqualität werden, die zu mir gehört. Auch im Bitteren kann ich Lebendigkeit spüren.

Ich erlebe immer wieder Menschen, die die Speisen, die sie nicht kennen, zurückweisen. Sie essen nur, was sie kennen. Doch sie bringen sich um den Reichtum der vielen Geschmacksrichtungen, die es gibt. Alles gehört zum Leben: das Saure, Süße, Bittere und Scharfe. Aber alles muss geschmeckt werden, damit ich das Leben darin wahrnehme.

Und wenn sich alles dreht ...

Oft haben wir das Gefühl: Alles dreht sich immer schneller. Der Mystiker Angelus Silesius weist uns darauf hin, dass wir selber es sind, die entscheiden, wie wir mit der Hetze umgehen:

> Nichts ist, das dich bewegt,
> du selber bist das Rad,
> das aus sich selber läuft
> und keine Ruhe hat.

Natürlich ist unsere Zeit schneller geworden. Aber ob ich mich dieser schnellen Zeit anpasse oder nicht, ist meine Entscheidung. Ob es in mir schnell wird, das liegt an meinem Rad. Ich kann anschauen, wie alles an mir vorüberzieht. Dann berührt mich die äußere Schnelligkeit nicht.

Ich bleibe der Beobachter. Oder aber ich ziehe mich bei allem äußeren Trubel auf mich selbst zurück. Auch wenn um mich herum Hektik und Unruhe herrschen: Wenn ich in meiner Mitte bin, dann nehme ich die Hetze wahr, ohne mich davon anstecken zu lassen. Natürlich kenne ich die Gefahr, einfach mitzumachen im Karussell, das sich um mich dreht. Aber es ist dann meine Entscheidung. Und ich darf die innere Hetze nicht den anderen anlasten.

Wohin?

Halt an, wo läufst du hin?
Der Himmel ist in dir. Suchst du ihn anderswo,
fehlst du ihn für und für.
(*Angelus Silesius*)

Was suchen die Menschen, die so schnell herumlaufen? Angelus Silesius ist der Meinung, dass sie
letztlich den Himmel suchen, die Heimat, die Ge-
borgenheit, das Ausruhen. Doch sie suchen diese
Heimat außerhalb. So laufen sie immer schneller,
um irgendwo diesen Himmel zu finden. Dabei
müssten sie sich nur nach innen wenden. Dann
würden sie in sich den Himmel entdecken. Und da
haben sie alles, was sie suchen. Da ist ihre Sehnsucht gestillt. Dann können sie still werden, stehen bleiben und gestillt werden durch Gott, der in
ihnen wohnt und ihnen alles schenkt, wonach sie
streben.

Es ist gut, sich immer wieder zu fragen: Warum
laufe ich eigentlich so schnell? Was will ich alles
erledigen? Warum hetze ich mich? Hetzen kommt
ja von hassen. Hetze ich mich, weil ich mich has-

se? Oder laufe ich so schnell, weil ich zu viel auf einmal will? Aber was will ich wirklich? Was ist meine tiefste Sehnsucht? Angelus Silesius spricht unsere tiefste Sehnsucht an: den Himmel. Es ist nicht nur der Himmel, der uns nach unserem Tod erwartet, sondern der Himmel, der in uns ist. Wir sagen von Augenblicken, in denen unsere Sehnsucht erfüllt wurde: Es war himmlisch. Doch solche himmlischen Augenblicke können wir nicht festhalten. Sie ziehen an uns vorbei. Wenn wir den Himmel in uns entdecken, dann brauchen wir uns nur nach innen zu wenden. Dann sind wir im Himmel. Dann wird es für uns himmlisch. Dann hören wir auf zu hetzen.

Das kommt davon

„Wir reißen uns ein Bein aus, um schneller ans Ziel zu kommen." Das hat der aus dem Schwarzwald stammende Verleger Frank Schwörer einmal gesagt. Dieser paradox hintersinnige Satz trifft ins Schwarze: Von Menschen, die sich anstrengen und alle Mühe geben, sagt man ja in der Tat, „sie reißen sich ein Bein aus". Mit einem Bein kann man aber nur noch humpeln. Da kommt man ganz sicher nicht schneller ans Ziel. Warum reißen wir uns dann ein Bein aus? Wir meinen, nur wer sich Gewalt antut, wird das Ziel erreichen. Doch wer sich Gewalt antut, der mag sich vielleicht kurzfristig zu Höchstleistungen animieren. Auf Dauer wird er sich ins eigene Fleisch schneiden. Die Überforderung wird ihn krank werden lassen. Und dann braucht es erst einmal Zeit, sich auszukurieren. Oder aber die Krankheit wird ihn dauerhaft daran hindern, die Leistung zu bringen, die er von sich erhofft hat. Also: Keine ungesunde Hektik. Immer mit der Ruhe.

Erwartungsfroh

„Nur wer warten kann, kann auch etwas erwarten." Karlheinz A. Geißler hat recht: Nur wer warten kann, der hat auch etwas vor sich. Wer alles sofort erledigen muss, wer meint, er könne jedes Bedürfnis umgehend erfüllen, der wird unfähig, wirklich zu leben. Dessen Leben wird eintönig. Es wird zur sofortigen Bedürfnisbefriedigung. Doch das ist die Stufe des Tieres. Das Tier wartet nicht auf etwas Bestimmtes. Wenn man ihm Futter vor die Füße wirft, wird es fressen. Doch wenn es hungrig ist, kann es nicht warten und durch Warten die Freude auf die Erfüllung steigern. Dazu ist nur der Mensch fähig. Doch heute haben viele das Warten verlernt. Aber wer nicht mehr warten kann, in dem kann keine Weite entstehen, keine Vorfreude auf die Erfüllung. Das Warten weitet das Herz. Es erzeugt in ihm eine Spannung, die Leben schafft. In diesem inneren Gespanntsein erwartet uns wahres Leben, erfülltes Leben.

Ganz gegenwärtig

„Die misshandelte Zeit äußert sich zunächst im Entzug der Fähigkeit, gegenwärtig zu sein." Vom Religionsphilosophen Eugen Rosenstock-Hussey stammt diese zunächst irritierende Einsicht. Wie können wir die Zeit misshandeln? Rosenstock-Hussey meint: Wenn ich zu viel in die Zeit stopfe, misshandle ich sie. Wenn ich die Zeit achtlos vorbeiziehen lasse, wenn ich sie totschlage mit vielen leeren Aktivitäten, dann ist das Misshandlung der Zeit. Eine so missachtete Zeit bestraft mich dadurch, dass sie sich der Gegenwart entzieht. Sie geht meinem Leben verloren. In solcher verlorenen Zeit verliere ich mich selbst. Ich fühle mich nicht. Ich bin nicht bei mir. Ich bin nicht gegenwärtig. Die nicht mehr gegenwärtige Zeit macht es mir selbst unmöglich, im Augenblick zu leben. Die Zeit selbst entzieht sich mir. Ich laufe ihr hinterher oder ich übersehe sie. Sie geht an mir vorüber, ohne mir ihr Geheimnis zu erschließen.

„Sechs Stunden sind genug für die Arbeit. Die anderen Stunden sagen zum Menschen: Lebe!" Die Gewerkschaften werden dieses Wort des antiken Schriftstellers Lukian gerne für sich in Anspruch nehmen. Doch Lukian lässt sich nicht einfach von den Gewerkschaften vereinnahmen. Er sagt nichts über bezahlte Arbeit und gerechte Entlohnung. Vielmehr rückt er die Maßstäbe zurecht. Wer sechs Stunden arbeitet, kann eine Menge zuwege bringen. Sechs Stunden kreative Arbeit genügen. Das Ziel des Lebens ist nicht, möglichst viel zu arbeiten, sondern zu leben. Leben heißt aber nicht, möglichst viel erleben und sich nach der Arbeit dem Vergnügen widmen. Leben heißt vielmehr: ganz im Augenblick sein, das tun, was dem Herzen entspricht: wahrnehmen, was ist, und so dem Geheimnis des Lebens auf die Spur kommen.

Ruhestand

„Einem Menschen zu sagen, er solle ausruhen,
bedeutet, ihm zu sagen, er solle glücklich leben."
(Blaise Pascal)

Keiner kann glücklich leben, ohne dass er fähig ist
zur Ruhe. Aber es genügt wohl nicht, jemanden
dazu aufzufordern, dass er ausruhen soll. Denn
viele sind heute unfähig, zur Ruhe zu finden. Daher sind sie wohl auch nicht zum Glück geboren.
Ruhe hat in der antiken Philosophie einen hohen
Wert. Ausruhen, die Muße genießen, darin liegt
die Würde des Menschen. Doch heute müssen wir
es erst wieder lernen, wirklich zur Ruhe zu kommen. Ruhig kann keiner werden, der nicht bereit
ist, sich der eigenen Wirklichkeit zu stellen.

Freude ist ein Abendbrot

Das Buch „Nachfolge Christi" des niederrheinischen Augustinerchorherren Thomas von Kempen (1380–1471) war neben der Bibel das meistgelesene geistliche Buch des Mittelalters. Für unsere Ohren klingt es sehr fordernd. Und seine Askese erscheint uns eher lebensverneinend. Doch das Ziel der Askese ist auch für Thomas von Kempen die Freude. Wir finden bei ihm auch den Satz: „Freude wird jedes Mal dein Abendbrot sein, wenn du den Tag nützlich zugebracht hast." Doch die Freude ist für Thomas von Kempen an Bedingungen geknüpft. Wenn ich meinen Tag nützlich zubringe, das heißt, wenn ich die Zeit nutze, wenn ich bewusst lebe, wenn ich gut lebe, wenn ich mich richtig verhalte, wenn ich Gottes Willen erfülle, dann ist die Freude mein Abendbrot. Die Freude ist Ausdruck eines erfüllten Lebens. Und die Freude ist wie ein Abendbrot, das mich nährt. Die Seele wird satt an der Freude. Wer dankbar auf sein Tagewerk zurückblicken kann, der wird von Freude erfüllt. Und die Freude wird seine Begleiterin sein am Abend und während der Nacht. Sie wird sich in der Nacht in seine Seele eingraben, sodass sie auch von Konflikten am nächsten Tag nicht aus dem Herzen vertrieben werden kann.

Genieße dein Alter

„Es ist wenig Raum zwischen der Zeit, wo man zu jung, und der, wo man zu alt ist", sagt Charles de Montesquieu. Ein weiser Satz. Ich selber werde älter – und genieße diese Zeit. Ich trauere meiner Jugend nicht nach. Sie ist vorbei. Sie war schön. Aber ich möchte nicht mehr jung sein. Das Alter schreckt mich nicht. Ich bin gespannt, was sich in mir entwickelt und welche Erfahrungen ich in den nächsten Jahren machen werde.

Doch vielen Menschen geht es anders. Wenn sie jung sind, möchten sie endlich erwachsen werden. Sie möchten mitreden und die Welt gestalten. Doch später haben sie Angst, 30 zu werden, weil sie fürchten, dass die Zeitspanne zu kurz ist, in der sie in Blüte stehen. Oder sie haben Angst, ihren 40. Geburtstag zu feiern, denn dann müssten sie endgültig Abschied nehmen von der Jugend. Noch schlimmer ist der 50. Geburtstag. Anstatt die Fülle des Lebens zu genießen, trauern sie der verlorenen Zeit nach. Solche Menschen leben nie in der Gegenwart. Sie können das Geheimnis jeder besonderen Zeit nicht genießen, weil sie immer entweder zu jung oder zu alt sind, aber nie zufrieden mit dem Alter, das sie gerade haben. Solche Menschen müssen irgendwann einmal bekennen, dass sie nie wirklich gelebt haben. Immer waren sie zu jung oder zu alt. Nie waren sie passend. Nie haben sie den Augenblick ausgekostet.

Jede Zeit und jedes Alter ist gut. Aber ich darf mein Alter nicht mit anderen Zeiten vergleichen. Wenn ich ganz im Augenblick lebe, dann geht mir das Geheimnis gerade meines jetzigen Alters auf. Und ich erkenne die Chance, gerade jetzt gegenwärtig zu sein und zu leben.

Lebenselixier

Der Weisheitslehrer Jesus Sirach verbindet jüdische Weisheit mit Einsichten hellenistischer Lebenskunst. Von ihm stammt ein Rat, der heute noch aktuell ist: „Gib dich nicht dem Trübsinn hin, quäl dich nicht selbst mit nutzlosem Grübeln! Freude und Fröhlichkeit verlängern das Leben des Menschen und machen es lebenswert" (Jesus Sirach 30,21–22).

Es ist eine optimistische Weisheit. Wir können uns das Leben selbst schwer machen. Wir sollen die negativen Gedanken nicht verdrängen. Denn sonst würden sie uns überallhin verfolgen. Doch es geht darum, Abstand zu gewinnen zu dem Trübsinn, der manchmal in uns aufsteigt. Ich nehme ihn wahr, ohne ihn zu verdrängen. Aber indem ich ihn wahrnehme, lasse ich ihn auch los, distanziere mich davon. Der Weisheitslehrer ist davon überzeugt: Die Freude entspricht dem Wesen des Menschen. Sie tut seiner Gesundheit gut und sie verlängert sein Leben.

Ein Geschmack der Ewigkeit

„Alle Lust will Ewigkeit! … will tiefe, tiefe Ewigkeit." Dieser Ausruf Nietzsches ist nicht nur Rebellion gegen ein einengendes, lustfeindliches Christentum, das überall nur die Sünde sah. Er ist auch Ausdruck einer tiefen Sehnsucht nach einer lebendigen Religion, nach einer Lust, die auch die Beziehung zu Gott prägt. Nietzsche sehnt sich nach dieser Lust, ohne sie in seiner eigenen Krankheit selbst zur Genüge erfahren zu können.

Lust kann gar nicht eine lange Zeit hindurch erfahren werden. Sie übersteigt aber bereits unsere
Endlichkeit, weil sie Aufhebung der Zeit ist. In ihr
ist Sehnsucht und Erahnen der Ewigkeit. Ewigkeit
ist hier nicht verstanden als lange Dauer. Ewigkeit
ist hier vielmehr der Augenblick, der ganz tief erlebt wird, in dem ich ganz in dem bin, was ich tue,
was ich fühle, was ich bin. Sie ist eine Erfahrung,
die den ganzen Leib durchdringt, die den Menschen in Leib und Seele vibrieren lässt, die das
Innerste des Menschen erschüttert. Diese Lust hat
in sich etwas vom Geschmack der Ewigkeit. Und
sie verweist auf den, der allein unsere tiefste Sehnsucht zu erfüllen vermag.